ro
ro
ro

«Wie heißt dieses andere Kaff, wo die auch einmal im Jahr Theader machen?», erkundigte sich Brakelmann.

«Bayreuth», antwortete Shorty lapidar, ohne von seiner Beschäftigung aufzusehen. Im Gegensatz zu Dr. Schönbiehl feierte er nicht jeden Moment intellektueller Überlegenheit wie einen Olympiasieg.

«Haben die 'ne Fußgängerzone?», legte Brakelmann nach. «Durchgangsverkehr?»

Die anderen hoben nur ahnungslos die Augenbauen.

«Die sind genauso beschissen dran wie wir», fasste Brakelmann seine Mutmaßungen über Bayreuth zusammen. «Aber einmal im Jahr machen die Theader, und damit ist alles gut.»

«Ich hab nicht ganz verstanden, worauf du hinauswillst.» Dr. Schönbiehl betrachtete Brakelmann über die Schaumkrone seines frischgezapften Biers, eher skeptisch als neugierig.

«Theader, Bürgermeister! In Büttenwarder! Weihnachtstheader – wie heißt das? Krippenspiel!», stammelte Brakelmann noch recht orientierungslos. Dann aber hatte er es: «Wir veranstalten ein Büttenwarder Krippenspiel!»

Norbert Eberlein, 1956 in Hamburg geboren, begann seine Karriere als Drehbuchautor 1991 mit dem ARD-Dauerschlager «Großstadtrevier». 1997 kam ihm die Idee zu der Serie «Neues aus Büttenwarder», für die er bis heute die Drehbücher verfasst. Mittlerweile hat er auch preisgekrönte Drehbücher zu zahlreichen TV-Filmen geschrieben, zuletzt zur Kinoverfilmung «Die Dorfpunks».

Norbert Eberlein

Gedeck, doppelt!

Neues aus Büttenwarder

Rowohlt Taschenbuch Verlag

Originalausgabe
Veröffentlicht im Rowohlt Taschenbuch Verlag,
Reinbek bei Hamburg, Dezember 2012

Abbildungen Innenteil:
S. 9 und S. 169 Sandra Hoever, S. 33 Isa Walther,
S. 59, 85, 101, 117, 145, 195 und 229 Nicolas Maack (alle © NDR)
Lizenziert durch Studio Hamburg Distribution & Marketing GmbH
Umschlaggestaltung ZERO Werbeagentur, München
(Abbildung: NDR / Nicolas Maack)
Satz DTL Fleischmann PostScript (InDesign) bei
Pinkuin Satz und Datentechnik, Berlin
Druck und Bindung GGP Media GmbH, Pößneck
Printed in Germany
ISBN 978 3 499 62820 7

Für Kurts Bruder

Bruder – ich habe die Menschen gesehen, ihre Bienensorgen und ihre Riesenprojekte – ihre Götterplane und ihre Mäusegeschäfte, das wunderseltsame Wettrennen nach Glückseligkeit; – dieser dem Schwung seines Rosses anvertraut – ein anderer der Nase seines Esels – ein Dritter seinen eigenen Beinen; dieses bunte Lotto des Lebens, worein so mancher seine Unschuld, und – seinen Himmel setzt, einen Treffer zu haschen, und – Nullen sind der Auszug – am Ende war kein Treffer darin. Es ist ein Schauspiel, Bruder, das Tränen in deine Augen lockt, wenn es dein Zwerchfell zum Gelächter kitzelt.

Friedrich Schiller: Die Räuber, 3. Akt, 2. Szene

I

Am verkehrten Ende der Welt

Schon vor vielen Jahren hatte der Bauer Kurt Brakelmann erkannt, dass die Landwirtschaft eigentlich der Mühe nicht wert war. Nach und nach verlor er das Interesse an der Schweinezucht, gab die Kühe auf und verrichtete auf seinen Feldern nur noch das Nötigste: Er schritt sie ab, blickte über sie hinweg, bedauerte ihren Zustand. Zwar erntete er wohl einige Rüben und Kartoffeln und kassierte auch einen kleinen Pachtzins, doch die Einnahmen daraus erlaubten ihm nur einen bescheidenen Lebenswandel. Und so begnügte er sich mit einfachen kulinarischen Genüssen, gab stets anderen die Schuld für seinen Niedergang, wartete auf eine bessere Zukunft und verharrte bis dahin im Erreichten.

Seine Heimat lag weit im Norden, dort, wo das Land in weichen Wellen grün und lieblich in die Norddeutsche Tiefebene abfällt. Fernab von Autobahnkreuzen und Strommasten, inmitten der Stille einer vor Jahrzehnten zuletzt berührten Gegend nahe dem Hundert-Seelen-Dorf Büttenwarder befand sich sein Hof, zerfallen mittlerweile und ärmlich und doch voller geheimer Schätze, die in den Abseiten und Speichern moderten. Verstaubte Fotoalben lagerten hier, festgeschnürte Pakete mit uralten Ausgaben der *Landpostille*, unbrauchbare Werkzeuge, Waffen und Kleidungsstücke der Vorväter.

Als bevorzugter Aufenthaltsort galt Brakelmann die Bauernküche, eingerichtet noch von seinen Eltern mit geringen finanziellen Mitteln und unaufwendigen Einrichtungsideen in den fünfziger Jahren. Seit langem war sie nicht mehr grundgereinigt worden. Wer hätte das auch machen sollen?

Drei feste Orientierungspunkte fand er hier vor. Da war der mit Speisespritzern beschichtete Herd im toten Winkel neben der Tür zur Bauernstube, da war der vorrangig mit Bier und Köm, Gewürzgurken und Wurstwaren befüllte Kühlschrank auf der gegenüberliegenden Seite, auf dem das alte Skalenradio platziert war, auf dem sich wiederum ein Brotkasten befand, den Brakelmann seit Jahren schon nicht mehr geöffnet hatte, obwohl darin noch ein feines Roggenmischbrot auf Verzehr wartete. Dazwischen stand der Küchentisch, Dreh- und Angelpunkt seiner häuslichen Aktivitäten. Brakelmann setzte sich vorzugsweise so, dass er die mehrfach überstrichene halb dunkelgrüne, halb schotterfarbene Wand sah. Davor hing stets an einer quer gespannten Leine Handtuchmaterial, das er im Bedarfsfall jederzeit hätte zum Einsatz bringen können. Wenn er von diesem Anblick genug hatte, konnte er durch eine leichte Wendung des Kopfes nach rechts das Fenster sehen, vor dem eine ins Gelbliche changierende Gardine die Verhältnisse auf dem Hof draußen aufs Romantischste verschleierte. Wann immer Brakelmann hier saß, er war meistens zufrieden. Alles um ihn herum war, so schien es ihm, fein abgestimmt auf seinen Charakter, seinen Geschmack. Sein Zuhause war, so resümierte er gern, ein Wort aus einer Reklamebeilage des *Landboten* aufgreifend, das reine Ambiente, sein Ambiente.

In der angrenzenden guten Stube saß Brakelmann seltener. Hier beherrschte ein grüner Kachelofen den Raum, hier war die den Blütenkelchen von drei weißen Callas nachempfundene Stehlampe, hier war das Fernsehgerät, das allerdings nur das Programm eines einzigen Senders abzustrahlen imstande war und oftmals nur mit gezielten Tritten oder Schlägen in Betrieb genommen oder ausgeschaltet werden konnte. Es war diese Anstrengung gewesen, die Brakelmann die Freude am

Televisionieren fast gänzlich genommen hatte. Von der Wand rechts davon pellte sich ein Jahreskalender von 1972. Auf dem sandfarbenen Sofa mit seinem Design aus hingewürfelter Karostruktur, dessen nachgiebige Polsterung eine gute Vorstellung von zahllosen Gesäßrundungen vermittelte, die hier im Laufe der letzten fünfzig Jahre abgesenkt worden waren, auf diesem Sofa schlief Brakelmann vorrangig, wenn ihm nächtens der Gang in sein schmuckloses Bett als zu beschwerlich erschien. Für diese Fälle hatte er stets eine verfilzte alte Pferdedecke zur Hand, die er nur über sich zu legen brauchte, um sodann, das Haupt tief in die klumpigen Sofakissen gedrückt, in seine bewegten Träume hinüberzugleiten.

Kurt Brakelmann war mittlerweile in seinen besten Jahren. Das heißt, ihm taten die Knochen weh, wenn er morgens aufstand und zum Waschbecken trat, um sich die Zähne zu putzen; das heißt, er musste sich hinsetzen und zugleich seitlich abstützen, wenn er nur in seine ausgetretenen Gummistiefel schluppen wollte; das heißt, in seinem Gesicht erschlaffte das Gewebe. Und dennoch war dieser Mann wunderschön anzusehen, denn er verkörperte alles, was er war – nicht mehr und nicht weniger. Er sah nicht klüger oder interessanter oder besser aus, als er war. Nur ein besonderes Merkmal umwehte sein Antlitz. Wenn er nämlich einem von weitem entgegentrat, war es sehr schwer, ihn nicht für einen Teil der Landschaft zu halten. Wenn sonst dort, wo der Mensch ist, die Landschaft aufhört, so war bei Kurt Brakelmann der Fall anders gelagert. Er wirkte wie die Fortsetzung der Natur mit anderen Mitteln. Und das hatte seinen guten Grund. Er war schließlich immer noch Bauer. Er war ein Teil seiner Heimat. Und der Rest der Welt interessierte ihn nicht die Bohne.

Trat er durch die in der windschiefen Angel gleichsam schwebende Stalltür hinaus ins Freie, so blickte er nicht nur über

Felder und Wiesen in die kristallklare Luft, sondern auch mit nicht minder gutsherrnhafter Miene auf seinen zumeist defekten Trecker, der den wenigen Hühnern, die ihm, neben einigen Ziegen, geblieben waren, einen pittoresken Aufenthaltsort bot. Ließ es die Wetterlage zu, schleppte sich Brakelmann dann ein paar Schritte weiter zu seiner Campingliege oder seinem Gartenstuhl, der vor einem Klapptisch im Schutze eines Sonnenschirms stand. Und eigentlich war dies der Ort, an dem Brakelmann sich am wohlsten fühlte: das Haus seiner Eltern hinter ihm, krauchendes Geflügel um seine Füße, vor ihm die Weite einer Landschaft, die er noch nie in seinem Leben verlassen hatte.

Seit vor nun fast zwanzig Jahren auch seine Mutter von ihm gegangen war, lebte Brakelmann allein in seinem Ambiente. Es wäre ihm recht gewesen, wenn eine Frau zu ihm gezogen wäre. Sie hätte sich, so phantasierte er bisweilen, den alten Schweinestall gemütlich zurechtmachen und dort beispielsweise ihre Nähmaschine aufstellen können. Aber es war ihm durchaus recht, dass es dazu nicht gekommen war. Er hatte genug Beunruhigendes gehört. Vor einigen Jahren erst hatte einer im Dorfkrug über Frauen geredet, und zwar gleich über zwei, von denen die eine sehr laut sprach und schnarchte, die andere unter Lustfremdeln litt. Der Betroffene hatte überlegt, ob er Ausschau nach einer dritten Frau halten sollte. Das hatte zu großer Verwirrung, ja, sogar Anteilnahme geführt – und Brakelmann dermaßen tief aufgewühlt, dass er in jener Nacht um ein Haar nicht eingeschlafen wäre. Zum Glück war ihm schon am nächsten Tag nichts weiter dazu eingefallen. Auch im Dorfkrug sprach niemand mehr über das Thema. Alles beruhigte sich bald wieder. Und dennoch umschwebten Gedanken an Frauen dann und wann Brakelmann wie Gespenster eine Burgruine.

So führte Brakelmann jahrein, jahraus ein geregeltes Leben. Er schlief, bis er wach wurde, er aß, bis er satt war, er trank, was ihm schmeckte. Er war ein freier Mann, ungebunden in seinen Gedanken, die üppig wucherten, selbst wenn andere glauben mochten, er dämmere nur bräsig vor seinem Bauernhaus im Liegestuhl oder blicke nur dösig in die Maserung des Dorfkrugtresens. Nein, es schien vielmehr, als nutze Brakelmann die Ruhe seines ewig gleichen Tagesablaufs, um sich umso gelöster dem Strom seiner Gedanken hingeben zu können, der die Idee umspülte, er, Brakelmann, könnte die Fesseln seiner begrenzten Einkommensverhältnisse sprengen und aufsteigen in ganz andere Sphären. Brakelmann war fasziniert von der Idee der Mühelosigkeit. Es war seine Obsession. Und jederzeit konnte er im Liegestuhl wegdämmern oder am Tresen zusammensinken und doch und zugleich innerlich aufbrechen, getragen von einem gewinnverheißenden Einfall, einem tollkühnen Plan, der die Einlösung seines Lebensziels versprach: mit Taschen voller Geld ein müßiges Leben führen. Er wusste, er spürte: Eines Tages würde es ihm gelingen.

Es gab nicht wenige, die ihn für einen Spinner hielten. Einer davon war Adsche Tönnsen. Adsche bewohnte einen Hof, der noch abgelegener war als der auch schon recht abgelegene Hof Brakelmanns, was dazu führte, dass Adsche Tag für Tag Brakelmann abholte, um mit ihm in den Dorfkrug zu latschen zum Frühschoppen (11 Uhr), manchmal zur Mittagspause (13 Uhr), zum Dämmerschoppen (17 Uhr), zum Absacker (18 Uhr) zum Feierabendbier (19 Uhr) oder schlicht zum nächtlichen Ablagern (ab 20 Uhr). Nicht Brakelmann also holte Adsche ab, sondern Adsche holte Brakelmann ab, da nun mal Brakelmanns Hof näher am Ortskern und für Adsche auf dem Weg lag. Brakelmann hatte daher, als folgerichtige Konsequenz dieser logistischen Verhältnisse, Adsches Hof seit Jahrzehnten nicht gesehen. Er vermutete, dass es nicht gut um ihn stand. Manchmal stellte Brakelmann sich vor, dass Adsche gar keinen Hof mehr hatte, sondern im Wald wohnte, sich dort von Pilzen und toten Fliegen ernährte und sich aus schütterem Geäst ein Nachtlager richtete. Aber nein: Er hatte wohl noch seinen Hof. Manchmal erwähnte Adsche so etwas.

Viel Zeit verbrachten die beiden Bauern jedoch nicht nur im Dorfkrug und auf dem Weg dorthin, sondern ebenso gern auf Brakelmanns Hof, da Adsche dort mit Vorliebe nach dem Dorfkrug-Besuch in dessen Ambiente verweilte, bevor er sich zum Mittagsschlaf (14 Uhr) oder zur Nachtruhe (ab 22 Uhr) wohin auch immer begab. Hier redeten sie manchmal so lange wie möglich so wenig wie möglich. Oder sie blinzelten einfach in die Sonne, sofern die noch nicht untergegangen war, und tranken dabei vom Köm, vom klaren Weizenschnaps aus der Region, der gut gekühlt zwar an Aroma verlor, an erfrischender Wirkung aber gewann.

Die beiden Männer waren etwa gleichaltrig und zusammen hier in Büttenwarder aufgewachsen. Schon ihre Väter hatten sich oft geprügelt. Und ihre Mütter waren sich aus dem Weg gegangen. In der Großeltern-Generation soll es schlimmer gewesen sein. Brakelmann und Adsche knüpften an diese Tradition an. Sie beneideten einander, versuchten einander zu übervorteilen, fühlten sich einander überlegen und redeten über weite Strecken aneinander vorbei – mit anderen Worten: Sie waren Freunde geworden.

Adsche hatte wie Brakelmann mit den Folgen seiner Zahlungsunfähigkeit insbesondere im Dorfkrug zu kämpfen. Auch er hatte so nach und nach einiges aufgegeben, unter anderem die Vorstellung von einer sehr rund geformten Frau, die ihm in einer bestimmten Körperhaltung half, die Gummistiefel auszuziehen. Und dafür sehr lange brauchte. Woran er unbeirrt festhielt, war die Überzeugung, eines Tages durch das Kopieren einer guten Idee über seine engen Lebensverhältnisse hinauszuwachsen. Außer der logistischen Zwangsläufigkeit, die sich aus der Lage ihrer Höfe und ihrem gemeinsamen Interesse an der Getränkeauslöschung im Dorfkrug ergab, war dies der eigentliche Antrieb für Adsche, immer wieder die Nähe Brakelmanns zu suchen. Auch wenn er von ihm beleidigt oder ignoriert oder, was am allerschlimmsten war: belehrt wurde, war Brakelmann doch inmitten seines gewiss beklagenswerten Spinnertums jederzeit eine gute Idee zuzutrauen. Adsche musste nur beständig lauern. Früher oder später würde ihm von Brakelmann die Tür geöffnet werden. Und er würde hinaustreten ins Freie, von allen Sorgen unbelastet.

Jahr um Jahr war so dahingegangen, im ruhigen Gleichmaß der täglichen Trinkgewohnheiten, im stillen Begehren von finanziellen Vorteilen. Nichts hatte sich daran geändert, als Adsche an diesem Wintermorgen, die Hände tief in die Taschen seines Parkas geschoben, oben begrenzt nur durch seinen schmalkrempigen Hut in geblichenem Beige, in den noch von der Sommerhitze aufgeladenen und gefütterten Gummistiefeln durch den tiefen Schnee, vorbei an kahlen Birken, Ulmen und Gestrüpp, auf Brakelmanns Anwesen latschte.

In der Bauernküche, wo sich die Männer mit einem ineinanderverschränkten «Moin» blicklos grüßten, als hätten sie sich eben erst gesehen, war es kömkalt, und es zog durch die Ritzen der klappigen Fenster. Überall im Ambiente, auf dem metallenen Brotsarkophag ebenso wie auf dem brüchigen Bodenlinoleum, schlug sich die Feuchtigkeit in feinen Eisflächen nieder, und auch da und dort an den Wänden glitzerte es vorweihnachtlich. Die beiden Männer hatten keine größeren Absprachen zu treffen. Sie wussten, was zu tun war. Brakelmann setzte folglich seine Schirmmütze aus grünem Filz auf, legte einen braunen Wollschal um, zog den ackerfarbenen Mantel an und machte sich mit Adsche auf den Weg. Ihr Ziel war der Dorfkrug. Dort würden sie sich bei der routinemäßigen Einnahme des vormittäglichen Lütt un Lütt der Auseinandersetzung mit den anderen Mitgliedern der kleinen Gemeinde stellen. Der Weg dorthin war ihnen vertrauter als das eigene Gesicht.

Wer auf Nebenstrecken von Barsinghausen nach Klockenstedt reiste und dabei Süderbrarup weit umfuhr, gelangte ganz automatisch an die Nahtstelle von Göbengarster Marsch und Paalhuder Senke und damit eventuell auch nach Büttenwarder. Vom Ortseingangs- bis zum Ortsausgangsschild vergingen nur achthundert Meter. Hier säumten uralte Linden und unauffällige Backsteinhäuser die Dorfstraße, hier fand man den Dorfteich, den Dorfkrug, die ehemalige Dorfschule und den Dorffriedhof, die marode Kirche, den Betonsockel, auf dem bis vor einigen Monaten die Telefonzelle stand, und eben das Ortsausgangsschild. Das war Büttenwarder.

Wenn der Rest der Welt von diesem Dorf überhaupt etwas wusste, dann, dass man dort keinen Handyempfang hatte. Aber Büttenwarder war mehr als ein Funkloch – hier passierte auch sonst nichts. Dann und wann fuhr ein Trecker, ein Wagen oder vielleicht mal ein Fahrrad die Dorfstraße entlang. Einmal am Tag kam der Bus. Aus der einen Richtung. Und später kam er dann noch mal aus der anderen Richtung. Allein wenn Peter, der gestandene Polizeibeamte, mit seinem Streifenwagen das Ortszentrum kreuzte, stieg bei manchem Bewohner von Büttenwarder ein Gefühl von Weltläufigkeit auf. Solche Bilder kannten einige von Fernsehübertragungen aus San Francisco, New York oder Kiel. Meistens allerdings stoppte Peter seinen grün-weißen VW-Käfer nur kurz beim Dorfkrug, um eine

Milch zu trinken, ein paar Dienstgeheimnisse auszuplaudern und reichlich Beweise für seine gedankliche Schwerfälligkeit zu liefern. Manchmal trank er die Milch auch in Töppenstedt, einem weit entfernten Nachbardorf. Das gehörte ebenfalls zu seinem Revier.

Zwar gab es den streng geführten Reiterhof Strünker und das ganz ähnlich rigoros geführte Seniorenheim «Alte Eichen», doch deren Randlage sorgte dafür, dass sich nur selten Besucher in das Zentrum Büttenwarders verirrten. Und so hatte sogar die Adventszeit dem beschaulichen Dorf nichts als besinnliche Stimmung bescheren können. In Klingsiehl, in Barsinghausen und in Drögenfeld, ja, in allen benachbarten Ortschaften platzten die Fußgängerzonen aus den Nähten, trieb das Weihnachtsgeschäft den Einzelhändlern die Freudentränen in die Augen, lebten die Gastronomen unter der Wucht ausschweifender Weihnachtsfeiern noch einmal so richtig auf, rieben sich die Stadtkämmerer die vom Zählen der Gewerbesteuergelder gewärmten Hände. Im verschneiten Büttenwarder dagegen herrschte wenige Tage vor Heiligabend nichts anderes als die sattsam bekannte, saisonbedingte Besinnlichkeit – kostenlos, bargeldlos, wertlos.

Wie zwei Dampflokomotiven stießen Brakelmann und Adsche kleine Wölkchen in die eisige Luft, als sie die Dorfstraße hinter sich ließen und auf den Zielpunkt ihrer morgendlichen Wanderung zuhielten, einen wuchtigen Backsteinbau mit braun gestrichen Fensterrahmen, darin sorgsam aufgehängte blickdichte Gardinen, und einer zweiflügeligen Tür unter dem schlichten Schild, auf dem stand: «Gasthof unter den Linden». Wäre Büttenwarder ein Land gewesen, dann wäre der Dorfkrug zweifellos die Hauptstadt dieses Landes. Hier schlug das Herz. Und der Tresen wäre folgerichtig die letzte Festung. Auf gelb gefliestem Boden gelangte man im Schankraum an den Tresen, der wie das mit Wildschweinintarsien versehene Buffet hinter dem Tresen und die halbhohe Wandtäfelung ringsum in dunklem Holz gehalten war. Die zentrale Beleuchtung ging von einem Wagenrad aus, das an der Decke hing und an dem einige Lampen befestigt waren. Wer nicht am Tresen sitzen wollte, der fand an einem der drei Tische Platz und konnte von dort aus womöglich besser erkennen, was die von der Patina jahrzehntelanger Geselligkeit bedeckten dunklen Bilder an den Wänden eigentlich darstellen sollten. Aber an diesem Samstagvormittag scherte sich hier kein Mensch darum, vielmehr wurde gewohnheitsmäßig herumgejammert. Jeder fühlte sich um ein einträgliches Weihnachtsgeschäft betrogen.

«In Klingsiehl is Land unter. War vorhin schon 'ne Meldung im Landfunk», erklärte Shorty, der seit vielen Jahren den Dorfkrug führte und gerne mal wenigstens eine Weihnachtsfeier ausgerichtet hätte. «Da kommt keiner mehr rauf auf den Weihnachtsmarkt und keiner mehr runter.» Versonnen betrachtete er eine Lichterkette, die recht verworren vor ihm auf dem Schanktisch lag. «Gab wohl Ausschreitungen ...,» ergänzte er. «In der Fußgängerzone ... Zum Teil haben sie die Leute mit Rettungswagen rausholen müssen!»

«Und wir haben nich mal 'ne Fußgängerzone», reklamierte Brakelmann. «Geschweige denn: Ausschreitungen ...»

Für diese Äußerung erntete Brakelmann beifälliges Nicken von Adsche, aber auch von Kuno, dem Reitknecht, der nicken konnte, ohne dabei den Mund zu schließen, und seit mehr als vierzig Jahren bei seiner Mutter lebte.

Ja, das musste jeder bei allem Neid anerkennen: In Klingsiehl hatte man es weit gebracht. Dort gab es sogar Kriminalität, dort fand die Bestechlichkeit auf einem ganz anderen Niveau statt, gab es Vergütungen für Verschlechterungen, unbegrenzte Möglichkeiten für das Recht eines Mannes auf abgrundtiefes Gewinnstreben. Dagegen hatte Büttenwarder dem Zivilisationsprozess nicht einmal eine Umgehungsstraße abringen können.

Shorty hatte die Lichterkette nun einigermaßen entwirrt, trat mit ihr hinter dem Tresen hervor und schritt in der ihm eigenen, gleichsam stolzen Haltung eines Mannes, der sich seiner Wirkung auf Frauen nur allzu bewusst war, durch die Tür der Schenke in den kurzen Flur und von dort hinaus ins Freie. Er war im Dorf der attraktivste Mann. Fünf gescheiterte Ehen lieferten allein schon einen Beleg für seine ruhelose Männlichkeit. Seine blassblauen Augen harmonierten vollendet mit seiner nahezu farblosen Haut. Das weißgraue Haar bildete einen klassischen Kranz für ein cäsarenhaftes Profil, das von einem lang gestreckten Kinn dominiert wurde, welches er mit Vorliebe in der Art der großen philosophischen Skeptiker eng an den Hals drückte. Und die zumeist heruntergezogenen Mundwinkel strafften die Bäckchen. Shorty war mittlerweile schon deutlich über sechzig Jahre alt. Aber das hatte seinem Aussehen kaum noch schaden können.

Wortlos nahm Kuno eine an die Kneipenwand gelehnte Leiter und folgte Shorty. Kuno galt vielen als der attraktivste Mann in Büttenwarder. Sein mittlerweile von sämtlicher Behaarung befreiter Schädel war so rund und glänzend wie eine Bowlingkugel, nur viel leichter. Die Zähne, von der Natur kunstvoll auf Lücke gearbeitet, entblößte er gern zu einem Grinsen, das bisweilen breiter schien als sein Gesicht. Kuno aber lebte nicht nur von dem Liebreiz seines Mienenspiels, er war zudem rein körperlich eine Augenweide, denn seine Muskulatur war gestählt durch die harte Arbeit als Stallbursche und die zahllosen Touren mit seinem Fahrrad. Das unterschied ihn von Brakelmann und Adsche. Deren Muskulatur war von

Sitzaktivitäten geformt. Und natürlich waren auch sie – das wusste jeder – einfach bildhübsche Kerle.

Den vom Schnee befreiten Vorplatz des Dorfkrugs, den nun hinter Shorty und Kuno auch Brakelmann und Adsche erreichten, zierte eine Tanne, windschief, die dünnen Zweige nur schwach benadelt. Kuno stellte die Leiter auf, und Shorty stieg hinauf und drapierte die Lichterkette. Adsche, der sein Bier mit hinausgenommen hatte, zog mit der freien Hand da und dort halbherzig am Geäst, um die offenkundigen Lücken im Bewuchs zu kaschieren. Eine reine Alibibeschäftigung, mit der er sich bei Shorty lieb Kind machen wollte. Immerhin stand Adsche, nicht anders als Brakelmann, beim Dorfkrug-Wirt knietief in der Kreide. Kuno wiederum, der nun geistesabwesend die Leiter hielt, hatte ein Exemplar seiner bevorzugten Lektüre aus der Manteltasche gezogen und schmökerte in einem Comicheft mit dem Titel «Killerkralle». Immerhin hatte wenigstens Shorty vom Thema des Tages noch lange nicht genug. «Weihnachtseinkäufe, Weihnachtsfeiern, Weihnachtsgeld», zählte er anklagend auf. «Wo bleibt das alles? Ich sag's euch: In Klingsiehl bleibt das, in Barsinghausen, in Drögenfeld.»

Er war sehr schnell mit den dekorativen Details fertiggeworden und stieg wieder von der Leiter, ohne den Baum mit einem abschließenden Blick zu würdigen.

«Manchmal», sinnierte Adsche und klappte die Leiter zusammen, da Kuno viel zu sehr in seine Lektüre vertieft war. «Manchmal denk ich schon, ich bin am verkehrten Ende der Welt geboren ...» So etwas Extremes hörte man von Adsche selten. Aber das versetzte niemanden in Aufregung. Bald würde er irgendetwas anderes sagen.

Shorty nahm das Stromkabel der Lichterkette auf und trat mit Adsche und Kuno, der von seinem Heft weiterhin kaum aufsah, zum Eingang, wo Brakelmann sie erwartete. Dort bückte sich Shorty zur Außensteckdose, in der Hoffnung, dass kurz darauf die Tanne in einem Glanz erstrahlte, den sie nie zuvor besessen hatte. Brakelmann, Adsche und Kuno wandten sich milde festlich gestimmt dem Baum zu, ganz in Erwartung der ungewöhnlichen Illumination.

«An uns geht das Weihnachtsgeschäft völlig vorbei», bilanzierte Shorty. «Da können wir machen, was wir wollen.»

Und damit drückte er den Stecker der Lichterkette in die Außensteckdose. Es gab einen kräftigen Knall. Brakelmann, Adsche, Kuno und Shorty blickten stumm zu dem Weihnachtsbaum, der sogleich Feuer fing und vor sich hin loderte, während fast im selben Moment Dr. Waldemar Schönbiehl, Rechtsanwalt, Notar und Bürgermeister, in seinem gepflegten Dienstwagen vorfuhr, ausstieg, nur kurz zu dem in hellen Flammen stehenden Baum sah, dann aber den Freunden eine Blechdose mit weihnachtlichem Dekor entgegenstreckte und munter verkündete: «Meine Frau hat Plätzchen gebacken!» Und damit wandten sich alle kommentarlos von der einsam brennenden Tanne ab und folgten Dr. Schönbiehl in den Schankraum.

Dr. Waldemar Schönbiehl war mittlerweile auch keine achtzig mehr. Wer seine stets duffig gefönten weißen Haare betrachtete, die üppige Nase, die eng anliegenden, flächigen Ohren, der kam um eine Feststellung einfach nicht herum: Dr. Schönbiehl war eigentlich der attraktivste Mann im Dorf. Über die Hälfte seines Lebens war er nun schon Bürgermeister von Büttenwarder. Aber das fortschreitende Alter hatte er nicht zur Entwicklung von Verwahrlosung und Hygienemängeln genutzt, nein, er war stets glatt rasiert und frisch manikürt, in maßgeschneiderten Anzügen und Hemden unterwegs und pflegte eine vom Rest der Dorfbevölkerung deutlich abgesetzte, elaborierte Sprache. Dr. Schönbiehl reiste gern ins Ausland, war belesen und kultiviert. Die anderen im Dorf hatten sich damit abgefunden.

Seine Frau Ingelore wurde selten gesehen. Von ihr war nur bekannt, dass sie eine leidenschaftliche Imkerin war, am Wochenende gern töpferte, versiert Bridge spielte und dabei zum Schummeln neigte. In der Weihnachtszeit verbrachte sie zudem bei adventlicher Musik viel Zeit am heimischen Backblech. Die mannigfaltigen Aktivitäten seiner Frau erlaubten Dr. Schönbiehl einen Lebenswandel, der bisweilen ans geradezu Junggesellenhafte grenzte. Er dankte ihr im Stillen jeden Tag dafür.

«Wann hat sie die denn gemacht?», fragte Brakelmann, der inzwischen wieder am Tresen saß, in die Dose von Ingelore Schönbiehl gegriffen hatte und müde an einem steinernen Keks nagte.

«Letztes Jahr», erwiderte der Bürgermeister heiter. «Ingelore sagt, sie backt erst wieder neue, wenn die alten aufgegessen sind. Da hab ich gleich an euch gedacht ...» Leutselig blickte der Würdenträger in die Runde.

Hinter dem Tresen bastelte Shorty jetzt einen kleinen Plastiktannenbaum zusammen, davor tranken Brakelmann, Adsche, Kuno und der Bürgermeister ihr Gedeck, ein goldglänzendes kleines Bier mit einem silbrig funkelnden Weizenschnaps dazu.

Ein Hauch von weihnachtlicher Stimmung wehte leise durch die Schenke.

«Lebkuchen gehören doch irgendwie dazu ... Findet ihr nicht?», fragte Dr. Schönbiehl.

Shorty ließ sich von dieser Anmerkung jedoch nicht einlullen und begann nebenher die nächsten Biere zu zapfen. «Ach, hör doch bloß auf, Bürgermeister. Überall frohlocken die Kassen, nur bei uns ist Stille Nacht.»

«Ja», sagte Adsche. «Genau.»

«So isses», meinte Brakelmann.

«Und ich auch nich ...», stimmte Kuno zu, der den Anfang der gemeinsamen Tirade verpasst, aber den Grundton von Frustration und tiefer Kränkung gedankenschnell aufgefangen hatte.

«Dieses Gejammer», entfuhr es Dr. Schönbiehl. «Weihnachten – da geht es doch um ganz andere Werte.»

Brakelmann baute sich vor dem Bürgermeister auf, ohne sich von seinem Sitzplatz zu erheben. Er streckte einfach das Brustbein gen Dorfkrugdecke und hatte bereits damit eine wirkungsvolle Drohgebärde zustande gebracht. Auch er musste schließlich mit den körpereigenen Energien haushalten. «Sach ma 'n Beispiel.»

«Um Besinnlichkeit zum Beispiel. Und Liebe.»

«Und warum fahren dann alle nach Klingsiehl und kloppen sich wie die Blöden in der Fußgängerzone?»

«Ja, weil das alles völlig pervers geworden ist», erwiderte Dr. Schönbiehl empört. «Und es allen nur noch ums Geld geht.»

«Uns geht es auch nur ums Geld! Aber wir haben hier überhaupt keine Chance, pervers zu sein», klagte Brakelmann seinerseits den Bürgermeister an.

Der blickte müde gen Himmel und seufzte: «Um Gottes willen ... dieses Theater!»

«Ja, das isses! Genau!» Brakelmann hielt augenblicklich inne. Ganz offensichtlich war er erleuchtet.

Adsche musterte ihn. Er kannte diese Momente. Sie lösten Fanfarenstöße aus in seinem Gemüt und versetzten ihn zugleich in hochverdichtete Anspannung, denn jetzt durfte er keinen Fehler begehen, keinen günstigen Zeitpunkt für eine sich möglicherweise anbahnende wirtschaftliche Trittbrettfahrt verpassen. «Brakelmann – in dir ist das wieder am Arbeiten, nä?», fragte er nach einer Weile.

«Wie heißt dieses andere Kaff, wo die auch einmal im Jahr Theader machen?», erkundigte sich Brakelmann.

«Bayreuth», antwortete Shorty lapidar, ohne von seiner Beschäftigung aufzusehen. Im Gegensatz zu Dr. Schönbiehl feierte er nicht jeden Moment intellektueller Überlegenheit wie einen Olympiasieg.

«Haben die 'ne Fußgängerzone?», legte Brakelmann nach. «Durchgangsverkehr?»

Die anderen hoben nur ahnungslos die Augenbrauen.

«Die sind genauso beschissen dran wie wir», fasste Brakelmann seine Mutmaßungen über Bayreuth zusammen. «Aber einmal im Jahr machen die Theader, und damit ist alles gut.»

«Ich hab nicht ganz verstanden, worauf du hinauswillst.» Dr. Schönbiehl betrachtete Brakelmann über die Schaumkrone seines frischgezapften Biers, eher skeptisch als neugierig.

«Theader, Bürgermeister! In Büttenwarder! Weihnachtstheader – wie heißt das? Krippenspiel!», stammelte Brakelmann noch recht orientierungslos. Dann aber hatte er es: «Wir veranstalten ein Büttenwarder Krippenspiel!»

Shorty blickte aufmerksam von seinem Plastikbaum auf. Und Dr. Schönbiehl entging auch keineswegs, dass selbst Adsche und Kuno vollkommen verzaubert wirkten.

«Interessante Idee», sagte der gewiefte Machtpolitiker schließlich, hob aber sogleich mahnend die Stimme. «Und das machen wir den Menschen hier zum Geschenk. Keine Abzocke, sondern bescheidene Eintrittspreise. Und das eingenommene Geld wird der Kirche gespendet. Für die Instandsetzung der Orgel.»

Heftigen Widerstand hatte Dr. Schönbiehl nun erwartet, aber Brakelmann überraschte ihn.

«Ja, natürlich», sagte er und lächelte fromm. «Ist doch Weihnachten ...»

Der Bürgermeister nickte beifällig. «Das will ich wohl meinen.»

«Ich schreib den ganzen Schamodder mal auf», kündigte Brakelmann an, wobei ein Glanz in seinen Augen lag, der himmlisch war. Und verräterisch zugleich.

Wenig später waren Brakelmann und Adsche auf dem Heimweg. Und während sie so rüstig wie möglich über den verschneiten Feldweg vorwärtsschritten, schlichen sie zugleich im Geiste näher heran an die Weihnachtsgeschichte, von der möglicherweise der endgültige finanzielle Durchbruch zu erwarten war.

«Und kennt man das irgendwie, das Stück?», fragte Adsche plötzlich, die eiskalten Hände tief in die Taschen seiner Hosen vergraben.

«Das ist immer Weihnachten. Das ist ganz bekannt», erklärte Brakelmann.

«Ach, das! Ja! Das is ja bekannt!» Langsam dämmerte es auch Adsche.

«Die Weihnachtsgeschichte ...», sinnierte Brakelmann.

«Die kenn ich. Die ist doch immer im Fernsehen. Da hat sich meine Mudder immer so gefreut, wenn das kam.»

«Ich muss das Stück gleich mal aufschreiben, wenn ich zu Hause bin. Wie war das noch? Die beiden kommen da irgendwie an ...»

Adsche geriet gleich ins Schwärmen. «Ja, sie ist noch so jung und lacht so niedlich. Und er ist 'n bisschen ernster.»

Brakelmann blickte verunsichert auf, nachdem er ausgiebig den Schnee in Augenschein genommen hatte. «Das weiß ich jetzt nich ...»

«Und die lieben sich wie verrückt», fuhr Adsche fort. «Das fand meine Mudder immer so herrlich.»

«Ja, aber dann müssen sie irgendwo bleiben», nahm Brakelmann den Faden auf. «Und die finden erst kein Quartier.»

«Im Palast ist ihr das nämlich zu ungemütlich», erinnerte sich Adsche voller Mitgefühl. «Da is sie nich der Typ für.»

«Sie is ja schwanger», fiel wiederum Brakelmann ein.

«Und deshalb kommt dann ja das Kind zur Welt.»

«Der Erlöser», verkündete Brakelmann mit leiser Ehrfurcht.

«Und da is sie natürlich stolz. Und der Kaiser kommt auch gleich», ergänzte Adsche.

Brakelmann verhielt den Schritt und musterte Adsche etwas irritiert, der ebenfalls stehen blieb.

«Nee, nee», meinte Brakelmann. «Das sind Könige.»

Adsche war sich seinerseits nicht minder sicher: «Nee. Der ist Kaiser. Der ist Kaiser von Österreich.»

«Könige, Adsche. Drei Könige aus'm Morgenland.»

«Nu hör aber auf», erwiderte Adsche nun doch recht scharf. «Da ist nur einer der Vadder. Und der ist Kaiser!»

«Hä?»

«In der Weihnachtsgeschichte, Brakelmann. In Österreich.»

«Im Heiligen Land, Adsche. Maria und Josef.»

«*Franz* Josef», verbesserte Adsche wissend.

«Watt?»

«Und sie heißt Sissi.»

«Mensch, Adsche ...»

«Sissi!»

«Das ist doch nicht die Weihnachtsgeschichte!»

«Das hat meine Mudder immer gern gesehen. Jeden Weihnachten. Die Weihnachtsgeschichte ...»

Brakelmann verstummte. Es war sinnlos. Er konnte sich nicht damit aufhalten, in diese geistigen Abgründe hinabzusteigen und dort die gröbsten Risse zu kitten, bevor Adsches Allgemeinbildung vollends in sich zusammenfiel. Nein: Brakelmann war viel zu elektrisiert von seiner neuen Idee. Er musste sogleich beginnen. Adsche würde ohnehin alles wieder nur verschleppen. Und dass er, Brakelmann, auf sich allein gestellt sein würde, kam ihm durchaus gelegen. Ließ sich doch dann auch der daraus entspringende wirtschaftliche Gewinn trefflich in die eigene Tasche einschütten. Denn dass er sich nicht mit der Spende an die Kirche begnügen, sondern darüber hinaus beträchtliche Nebeneinkünfte aus dem ganzen Weihnachtszauber schöpfen würde, war für ihn schon lange beschlossene Sache. Nur drängte jetzt die Zeit. Deshalb erklärte Brakelmann bündig, sein Köm sei ihm ausgegangen, andernfalls er Adsche gern noch hineingebeten hätte. So aber müsse er sich wohl verabschieden. Und damit wandte er sich von seinem alten Freundfeind ab und eilte seinem Hof entgegen.

Adsche blieb zurück. Es stimmte: Er beschäftigte sich sehr mit dem Phänomen «Zeit». Adsche glaubte, durch die Verlangsamung von Gedanken könne man sein Leben verlängern. Es war zunächst nur eine Theorie, und Adsche hätte sie niemals so konsistent formulieren können, aber dem Grunde nach war es sein Ansatz. Verlängerung durch Verlangsamung. Klang logisch. Streckung der Zeit durch Herunterdimmen des geistigen Leuchtfeuers. Adsche hatte es hierbei zu einer bemerkenswerten Fertigkeit gebracht. Er konnte seine Denkprozesse, wenn es darauf ankam, so extrem stark verlangsamen, dass er manchmal für Fragen, die andere binnen Minuten geklärt hatten, mehrere Wochen brauchte, Zeit, in der er einige Absacker, Sonnenuntergänge und anregende Gespräche unter anderem mit Brakelmann genießen konnte. Er erlebte von der Frage bis zur Antwort mehr als andere. Und damit war es für ihn bewiesen: Er hatte zusätzliche Lebenszeit gewonnen – gewonnen durch Verzögerung. Es war so einfach!

Während Adsche also noch am Feldweg vor dem Brakelmannschen Anwesen stand und durch geistige Verlangsamung die Zeit dehnte, ging die Sonne unter, und zwar so schnell, als habe der Herrgott oder der Kaiser von Österreich sie mit einem Handstrich vom Firmament gewischt.

Dunkel und ruhig lag Brakelmanns Hof da an diesem vorweihnachtlichen Abend. Nur ein schwaches Licht schimmerte durch die geschlossenen Vorhänge der Bauernküche, und vereinzelt war der Anschlag einer alten mechanischen Schreibmaschine zu hören. Drinnen saß Brakelmann und sang leise und ungeordnet: «O du fröhliche.» Er brauchte, um schreiben zu können, eine gewisse Einstimmung. Doch das Lied half ihm nicht so recht. Was vielleicht auch daran lag, dass ihm die zweite Zeile nicht einfiel. So sang er: «O du fröhliche-he ... o du fröh-liche-he ... o du fröh-liche-he ... o du fröh-liche-he.»

Er drohte schon, sich mit seinem eigenen Gesang in eine Art Dämmerzustand zu versetzen, da riss es ihn erneut hoch. Wie ging dieses Lied bloß weiter? Was, verdammt noch mal, reimte sich denn überhaupt auf «fröhliche»? Brakelmann sah sich um: Bratpfanne, Essensreste, leere Bierbuddel. Nichts davon reimte sich. Und so ein Lied wird überall auf der Welt verkauft, und die Leute verdienen sich dumm und dösig, gewitterte es in ihm. Und solchermaßen empört, erhob er sich von seiner Arbeitsplatte, trat an den Kühlschrank, schnappte sich die Kömflasche und schenkte sich das kleine Glas voll, das ihm stets zur Seite stand.

Er trank augenblicklich. Der Schnaps rann ihm durch die Kehle und erfüllte ihn mit Wärme und Ruhe. Er atmete durch.

Es schien ihm, als würde er das zum ersten Mal an diesem Tag tun. Einfach mal atmen.

Weihnachten, geisterte es ihm durch den Kopf. Weihnachten …

Schon wieder Weihnachten. Wie schnell war das Jahr vergangen. Brakelmann lehnte sich zurück und sinnierte: Doch, ja – es hatte seine Höhepunkte gehabt, dieses Jahr … Und nicht nur für ihn hatte es voller Herausforderungen gesteckt …

II

Vier Siebtel Pferd

Es war Mai. In den Knicks blühte die Eberesche cremefarben, Feldblumen und Kirschbäume streckten ihre Blüten aus. Und über allem zirpten die Grillen, sangen die Kiebitze ihr Lied, schwirrten die ersten Fliegen und ließen sich nur mit Hinterlist und äußerster Entschlossenheit zur Strecke bringen. Zum Beispiel mit einem sorgfältig zusammengerollten Exemplar des *Landboten*. Der erschien wöchentlich. Auch im Mai.

Als Brakelmann aufwachte, kratzte er sich am Bauch. Das war an und für sich nichts Ungewöhnliches. Bevor er den Tag begann und sich die Welt wieder zu eigen machte, vergewisserte er sich gern seiner selbst, indem er sich am Bauch kratzte. War der Bauch da, war auch er da.

So lautete Brakelmanns Theorie. Bisher war sie stets aufgegangen.

Während er sich also kratzte, nahm er die feinen Düfte seines Bratkartoffelgerichts vom Vorabend wahr, die noch fest in der Bauernstubenluft hingen, und zugleich hörte er das Gackern der Hühner draußen auf dem Hof. Eine Reizüberflutung, die ihn einen Moment lang in einen tiefen Lähmungszustand versetzte. Dann aber öffnete er die Augen. Was er sah, war die an manchen Stellen von Schimmel befallene Decke seines Ambientes. Und in diesem Moment war ihm zweierlei klar. Erstens: Er war auf seinem Sofa eingeschlafen. Und zweitens: in seinen Klamotten.

Mit einem leisen Seufzer drehte er sich auf die Seite und blinzelte aus dem Fenster. Mein Gott, es musste schon gegen Mittag sein. Die Sonne stand hoch. Und er lag flach. Wie schnelllebig die Zeit geworden war. Früher hatte man noch den ganzen Tag vor sich, wenn man aufgewacht war. Inzwischen war es bereits Mittag, und der halbe Tag war weg. Brakelmann konnte nur, wie sein alter Weggefährte Adsche zu sagen pflegte, innerlich den Kopf schütteln.

Vorsichtig schob er die Füße unter der alten Pferdedecke hervor, ließ sie ins Leere sinken, stemmte zugleich seinen Oberkörper hoch, indem er sich mit beiden Händen von dem Sofa abstützte, und erreichte so eine stabile Sitzposition. Im ersten Moment glaubte Brakelmann, er würde sich von dieser Kraftanstrengung niemals mehr erholen. Dann aber ließ er schon wieder recht aufgeschlossen seinen Blick umherwandern. Meine Güte, sah das hier aus! Er hätte doch heiraten sollen, überlegte er. Der Gedanke kam und ging so schnell, dass Brakelmann ihn fast nicht bemerkt hätte.

Frauen, nun ja, das war durchaus ein irgendwie sogar interessantes Thema. Brakelmann trat ans Waschbecken, nahm den Lappen, hielt ihn kurz unter das laufende Wasser und griff dann mit dem Lappen in der rechten Hand unter seinem Hemd durch, um sich unter der linken Achselhöhle zu waschen, wechselte den Lappen in die linke Hand und wusch sich, nachdem er sich einen Weg zwischen Brust und Unterhemd gebahnt hatte, auf dieselbe Weise unter der rechten Achselhöhle. Danach öffnete er seine Hose, lüftete das Bund seiner Unterhose handbreit, um sodann den Lappen auch kurz mit seiner Intimsphäre in Berührung zu bringen. Wenn er einen der Körperteile mal vergessen hatte, machte Brakelmann sich deshalb keine Vorwürfe. Er wusste ja, dass er am nächsten Tag seinen Fehler wiedergutmachen konnte.

Wenig, sehr wenig später hatte Brakelmann seine Morgentoilette beendet, schaltete das alte Skalenradio ein und räumte auf dem Küchentisch einen Flecken frei, um dort seinen Frühstücksteller in Stellung zu bringen. Als er sich setzte, spürte er dabei die harte Spitze einer Sprungfeder, rieb eine Gesäßbacke daran und genoss den Moment der frisch animierten Durchblutung. Anschließend blickte er sich neugierig auf dem Küchentisch um. In dem allgemeinen Durcheinander war kein sauberes Besteck zu finden. Also strich er Butter und Wurst mit dem Brotmesser auf. Dabei plätscherte leise der Landfunk und versetzte Brakelmann allmählich in einen tranceähnlichen Zustand. Die Krise in der Landwirtschaft war besiegelt. Darin waren sich alle Kommentatoren einig. Es war schlimm.

Aber natürlich: Das Leben ging immer weiter, ging weiter, bis es zu Ende war, sinnierte Brakelmann. War das in dieser Klarheit eigentlich jemals so festgestellt worden? Es erlaubte keine Zeitsprünge, zum Beispiel einen Sprung über die Zeit hinweg, in der der Trecker repariert würde. Nach dem langen Winter war die Batterie mal wieder ausgelutscht. Sie auszubauen, sie zu Karl, einem der besser organisierten Bauern Büttenwarders, zum Aufladen zu transportieren und die ausgeschlagene Vorderachsenaufhängung zu bearbeiten, damit würde Brakelmann sich heute beschäftigen müssen. Schon der Gedanke an die schnelle Abfolge dieser aufwendigen Tätigkeiten trieb Brakelmann Seufzer der Ermüdung über die Lippen.

Er beendete sein Frühstück und verließ sein bescheidenes Ambiente, durchquerte die Remise, vorbei an dem ehemaligen Schweinestall, in dem er irgendwann einmal im Überschwang eine Wand mit einer Hawaiitapete beklebt hatte, und zwängte sich an der nur in einer Angel vage hängenden Stalltür vorbei ins Freie. Vor ihm lagen die Einzelteile des wie zerschossen dastehenden Treckers im Gras. Brakelmann stöhnte ergeben und verfluchte still die Lückenlosigkeit, die brutale Vollständigkeit des Lebens.

Mit leise ruckenden Bewegungen hatte Brakelmann sich

gerade unter den Trecker geschoben, als das nervenzerrende Geräusch eines überforderten Zweitakters das Herannahen eines Mofas mit einem zu keinerlei Rücksicht aufgelegten Fahrer ankündigte.

Brakelmann wusste, wie Adsche aussah, deswegen machte er sich zunächst nicht die Mühe, unter seinem Trecker wieder hervorzukriechen. Er hörte, wie das Mofa abgewürgt wurde, scheppernd und von Flüchen begleitet zu Boden fiel und sich sodann schwere Schritte näherten, und sagte in den Unterboden seines Treckers hinein: «Moin.»

Einen Moment lang war es still. Selbst die Hühner schienen den Atem anzuhalten. Dann ließ Adsche seine knappe Antwort hören, indem er sagte: «Moin.»

Wieder wurde es still. Die Hühner kehrten zu ihren alltäglichen Verrichtungen zurück und kümmerten sich um ihren eigenen Kram. Brakelmann spürte, dass ihr Gespräch dringend Zündstoff brauchte.

«Ich stell meinen Betrieb um», begann er in beiläufigem Ton und genoss es, Adsche mit seiner Kreativität unter Druck zu setzen. Selbst wenn er, wie in diesem Fall, nicht einmal ahnte, worauf er eigentlich hinauswollte.

«Du hast 'ne Idee?» Adsche sprang tatsächlich gleich an.

«Ich hab das mal durchdacht. Schweinezucht.»

Es war ihm einfach so eingefallen: Schweinezucht. Wie er es liebte, mit einem zufällig herbeigerufenen Wort eine ganze Kette von Phantasien auszulösen, die mal brillant, mal genial, mal komplett bescheuert waren, immer aber verstörend auf Adsche einwirkten, weil Brakelmann allein schon durch seine Fähigkeit zur Idee einen intellektuellen Vorsprung hatte vor dem alten Freundfeind.

«Hör auf, Mensch! Schweine!», ließ sich Adsche vernehmen, der viel Abgeklärtheit in seine Stimme legte. Schließlich hatte auch er sich seit Jahrzehnten um die Landwirtschaft verdient gemacht. Aber mit großer Freude vernahm Brakelmann zugleich den nagenden Unterton der Neugier.

«Ja, nicht irgendwelche Schweine! Polarschweine!» Brakelmann schob sich nun doch unter dem Trecker hervor.

«Polarschweine?», fragte Adsche.

«Polarschweine», sagte Brakelmann und richtete sich und zugleich die Finger seiner rechten Hand auf, um daran abzuzählen. «Drei Säue, die ferkeln mir zweimal im Jahr. Macht bei sechs Säuen – 144 Schweine.»

«Wann?», fragte Adsche, der kein großer Rechner war, aber ein natürliches Gefühl für Zahlen und ihre Werte hatte, die er streng unterschied zwischen nennenswerten und nicht nennenswerten Werten. Nur ein wie auch immer zu veranschlagender nennenswerter Wert – kurz: Nennwert – konnte Adsche in glühende Erwartung versetzen und bisweilen zu Ansätzen von Aktivität treiben.

Brakelmann verspürte keine Lust auf kleinliche Nebenrechnungen und spielte lieber weiter seine Phantasie aus. «Und die härte ich hier ab. Das Terräng eignet sich sehr gut dazu. Hier hat kein Schwein was zu lachen, das sach ich dir.»

«Ja, und dann?», fragte Adsche.

«Dann verschiff ich die nach Grönland!» Brakelmann wandte sich jetzt der Batterie zu und löste sie aus dem Motorblock seines Treckers.

Adsche sinnierte über Brakelmanns Geschäftsidee. Dabei trat das Bild eines Zimmerspringbrunnens in sein Bewusstsein. Es war ihm selbst ein Rätsel, wie es immer wieder dazu kommen konnte. Wenn er sich etwas vorstellen sollte, was er sich nicht vorstellen konnte, mündeten seine Bemühungen in Gedanken an einen Zimmerspringbrunnen. Das gleichmäßige Abrauschen der Wasserströme aus einem nie ermüdenden

Kreislauf von Fließen und Pumpen versetzte ihn in eine transzendentale Tiefenentspannung. Zimmerspringbrunnen. Zimmer ... spring ... Nur langsam löste er sich wieder von dem Bild, trat quasi in die Aufwachphase ein, kehrte zurück zu den Grönlandschweinen und sagte schließlich: «Du und deine Ideen!»

Brakelmann lächelte. «Ganz robuste Schweine mach ich den Grönländern!»

Dann griff Brakelmann zu einem rhetorischen Kniff und legte kurzerhand ein Projekt seines lieben Freundes auf den Opferaltar dieser Unterhaltung.

«Und du? Stangenspargel?»

Adsche antwortete mit einem müden Heben der Schultern, mit einer selbstbewussten Miene und mit einem: «Ja, und?»

«Du willst, Tatsache, Spargel und Spinat kreuzen?»

«Lecker ...»

«Und wie nennst du das, was da rauskommt? Spagat?»

Adsche zuckte nur kurz mit den Augenbrauen, bevor er gelassen erwiderte: «Spinargel.»

«Mensch, Adsche, du bist so blöd wie 'n Rübenacker.»

Ihr Gespräch hatte einen ersten Höhepunkt erreicht, da läutete das Telefon. Es stand auf einem abgeschubberten alten Gartentisch unter dem stets aufgespannten Sonnenschirm auf dem Hof. Brakelmann schritt heran und nahm den Hörer ab. Adsche guckte nur zu. Er hatte kein Telefon.

«Brakelmann», meldete sich Brakelmann, lauschte und entgegnete: «Watt? Mensch, Shorty, der soll bloß dableiben. Ich komm sofort!»

Brakelmann legte auf und stürzte auf seinen Trecker los.

«Watt ist denn nun schon wieder für 'ne Hektik?», wollte Adsche wissen.

«Der Gröven-Erbe ist da! Endlich gibt's Geld!», rief Brakelmann im Überschwang und setzte sich auf seinen Trecker. «Nix wie hin!»

An einem normalen Tag erlebte Brakelmann vielleicht drei Themenwechsel. Manchmal auch nur zwei. Aber einen solchen geistigen Parcours wie heute selten. Eben noch tief segelnde Gedanken über die Lückenlosigkeit des Lebens, dann Treckerreparatur, dann rhetorische Übungen an Adsche, dann schon wieder Polarschwein, von dort weiter zum Spinargel, dann der plötzliche Anruf und eine Nachricht, die wieder ganz andere Emotionen wachrief, zum Beispiel: Lust auf Geld. Es war diese geistige Überreizung, die dafür sorgte, dass Brakelmann auf seinem Trecker saß, zu starten versuchte, erneut und weiter zu starten versuchte und eine ganze Weile brauchte, bis er begriff, dass er wenige Momente zuvor erst die Batterie seines Fahrzeugs ausgebaut hatte.

Was war das bloß wieder für ein Tach!

Pures Adrenalin flutete seine Blutbahnen, der Atem stockte, der Pulsschlag steigerte sich zu einem dramatischen Crescendo, während Brakelmann für den oberflächlichen Beobachter einfach nur zusammengesunken auf einem Trecker saß und sinnlos die Zündung betätigte. Die biochemischen Alarmstoffe in seinem Körper, besonders aber der Anblick von Adsche, der bereits auf dem Mofa saß und sich schnurstracks entfernte, stimulierten Brakelmann schließlich intensiv genug, um von dem Trecker abzulassen und dem Freundfeind nachzusetzen unter instinktiv geformten Rufen wie «Adsche!» oder «Warte!» bis hin zu «Nimm mich mit!» oder auch: «Halt an, du Sackarsch!» Und wäre Brakelmann nicht sogleich in eine dringend benötigte gedankliche Feuerpause gesunken, hätte er sich vielleicht doch darüber gewundert, dass Adsche tatsächlich anhielt, tatsächlich ihm Gelegenheit gab, auf dem Gepäckträger Platz zu nehmen. Was war nur los mit diesem Mann?, hätte Brakelmann sich womöglich gefragt. Aber er stieg einfach nur zu und ließ sich von Adsche zum Grövenhof kutschieren. Und nicht einmal Adsche selbst dachte darüber nach, warum er Brakelmann gegenüber so galant war.

Kurz darauf erreichten sie den Grövenhof. Shorty, der, wie es Brakelmann erschien, erst vor wenigen Augenblicken angerufen hatte, um ihn darüber in Kenntnis zu setzen, dass der Erbe endlich aufgetaucht sei und aus der Erbmasse die Schulden des alten Gröven begleichen wolle, fuhr schon wieder vom Hof. Nur kurz stoppte er neben den atemlosen Mofa-Reisenden.

«Moin», sagte Shorty. «Mensch, ihr habt euch ja Zeit gelassen.»

«Is noch was da?», fragte Brakelmann, erfüllt von Sorge um eine gerechte Befriedigung der Gläubiger.

«Im Haus ist alles verteilt», grinste Shorty, der offensichtlich mit seinem Anteil nicht unzufrieden war.

«Ich wollte Bargeld», sagte Brakelmann, mühevoll Atem schöpfend.

«Ja, ich auch», fügte Adsche hinzu.

«Bargeld?», fragte Shorty milde amüsiert zurück. «Der alte Gröven war so verschuldet, der hat sich sogar den Strick geliehen, an dem er sich aufgehängt hat.»

«Ja, aber das Land und die Gebäude hier», stammelte Adsche. «Das hat doch ’n Nennwert!»

«Gehört alles der Bank», erwiderte Shorty abgeklärt.

«Ich hab aber ’n Schuldschein», erklärte Brakelmann feierlich und zog aus der Brusttasche ein Dokument, das er offenkundig seit Jahren am Körper trug.

«Ja, hab ich auch», fügte Adsche an und hatte das Papier auch gleich griffbereit.

Shorty grinste nur. «Nee, Jungs, das sind Quittungen – für Lehrgeld.»

Brakelmann und Adsche blickten bereits recht waidwund drein, als Shorty nun davonfuhr, blickten aber noch viel waidwunder, als sie den ausgeräumten Hof und die kahlen Räume im Innern des Bauernhauses durchquerten. Die letzten murrenden Gläubiger trotteten mit resignierten Mienen, vor allem aber mit leeren Händen davon. Brakelmann und Adsche mussten kein Wort und keinen Blick wechseln, um den Ernst der Situation zu erfassen. Seit Jahren waren sie als zahlungsunfähige Stammgäste im Dorfkrug persönlichen Nachstellungen und finanziellen Vorhaltungen ausgesetzt. Das hatte sie geschult. Und deshalb wussten sie, dass man auf die harte Tour nie zu seinem Geld kommt. Auf die nette Tour allerdings noch viel weniger.

Sie hatten bereits beim Betreten des Hofes ein in der grellen Mittagssonne silbrig glänzendes Cabriolet vor den Stallungen stehen sehen. Das Hamburger Kennzeichen war ihnen nicht entgangen. Nun traten sie einem jungen Mann entgegen, der in seinen Unterlagen etwas notierte und genauso glänzend lackiert schien wie sein Wagen. Das musste der Erbe sein.

«Na? Und Sie haben bei meinem Onkel auch noch was Schönes gefunden?» Er deutete mit seinen Papieren auf die abgebrochenen alten Gartengeräte, die die beiden Bauern im Vorbeigehen eingesammelt hatten, nur um sie jetzt dem Neffen vor die Füße zu werfen.

«Ich nehm vierhundert», erklärte Brakelmann.

«Und ich dreihundert», fügte Adsche an.

«Tut mir leid. Aber hier ist nichts mehr zu holen.»

Brakelmann und Adsche deuteten milde ein von dieser Bemerkung ausgelöstes Missfallen an.

«Stellen Sie sich mal meine Enttäuschung vor», legte der

junge Mann nach. «Da wird man Erbe und erbt nichts als Schulden.» Mit einem Lächeln wollte er die Situation anscheinend in eine kleine, charmante Plauderei übergehen lassen. Er wusste offenbar nichts von der Entschlossenheit, mit der die aufrechte Landbevölkerung zu allen Zeiten ihre rechtmäßigen Forderungen angemahnt hat.

«Dann holen wir uns das eben von dir.» Der Geschniegelte stutzte noch, als Adsche bereits auf das silbrig schimmernde Cabriolet deutete.

«Wie meinen?» Der Universalerbe blickte beunruhigt auf.

«Neffen haften für ihre Onkels. Geh mal weg da», meinte Brakelmann und schob den Neffen ein wenig beiseite, um freien Blick auf die zarte Luxuskarosse zu gewinnen. «Was meinst du, Adsche, zieht das Ding meine Egge übern Acker?»

Die Luxuskarosse wirkte mit jeder Silbe der beiden zarter und zerbrechlicher.

«Ja», erwiderte Adsche, während Brakelmann prüfend da und dort aufs Blech klopfte und gegen die Reifen trat. «Das ist bestimmt ’ne gute Zugmaschine.»

Die Mimik des Erben war unterdessen erstarrt, seine Selbstverteidigungsreflexe arbeiteten hektisch und beschworen die Grundregeln gesellschaftlichen Miteinanders herauf. «Das wäre Diebstahl», sagte er folglich. «Ist ein bisschen übertrieben, oder?»

«Wieso?», konterte Brakelmann. «Sagen wir leihweise. Fuffzig Euro am Tag.»

«Ja, das macht ...» Adsche nahm mit spielerischer Leichtigkeit den Faden auf. «Lass mich mal rechnen ...»

«Zwei Wochen.» Brakelmann sah den Gröven-Erben an, als wäre er der Punkt am Satzende.

«Das werden Sie vor Gericht niemals durchsetzen können», reklamierte der Geschniegelte noch.

Brakelmann spürte, dass dies genau der richtige Moment war, um ein paar Schritte auf den Universalerben zuzugehen. «Das setzen wir gleich hier auf dem Hof durch, du Stadtschinken!»

Der Stadtschinken spürte den Atem Brakelmanns, das Gemisch aus Köm, starkem Filterkaffee und mangelhafter Zahnhygiene. Viel mehr als das spürte er aber, dass er nahezu allein war mit diesen beiden gewaltbereiten Landleuten.

«Okay, okay. Sie sind mir irgendwie sympathisch», hechelte er. «Ich weiß auch nicht, aber ... ich meine ... Ich glaube, ich hab da was für Sie ...»

Auch die Stallungen waren, wie es Brakelmann und Adsche vorkam, bis auf den letzten Strohhalm leer gefegt. Der Stadtschinken schritt voraus. Brakelmann und Adsche folgten und kalkulierten, ob sie die Tagesmiete des Cabriolets vielleicht doch zu großzügig veranschlagt hatten, als der Städter plötzlich auf ein Tier hinwies, das im Weg stand.

«Watt is datt denn?», fragte Adsche.

Der Städter war sichtlich froh, einmal seine Naturkenntnisse zum Besten geben zu können. «Ein Pferd», meinte er. «Da sehen Sie mal, das ist doch was, oder? Ein treuer Freund. Und schauen Sie mal, wie der guckt! Den können Sie überall hinstellen.»

Brakelmann und Adsche machten ein Gesicht, als würden sie an der Dorfstraße stehen und auf den Regionalbus warten.

«Und frisst nicht viel», wusste der Stadtschinken zu berichten.

Brakelmann und Adsche verzogen keine Miene.

«Ja, ich hab nichts anderes!»

«Quiddung», meinte Brakelmann, der offenbar entschlossen war, sich auf den Handel einzulassen.

«Ja, un ich?», fragte Adsche.

«Der ist für Sie beide», erklärte der Gröven-Erbe. «Ich meine, 700 Euro wird das Tier ja wohl wert sein, oder?»

Adsche war noch nicht zufrieden. «Was sollen wir denn mit so'm dünnen Gaul?»

«Egal, Adsche. Wir nehmen den Klepper mit», erwiderte Brakelmann bündig.

«Prima», meinte der Universalerbe wieder ganz aufgeräumt. «Was soll ich auf die Quittung schreiben?»

«Pferd», schlug Brakelmann in der ihm eigenen Sachlichkeit vor.

«Sollen wir's nicht ein bisschen genauer machen?»

«Weißes Pferd.»

«Vielleicht einen Namen?»

«Meier.» Das war schon immer Brakelmanns Lieblingsname gewesen. Er war einfach nicht der Typ, der Namen wie zum Beispiel «von Knackstedt-Dubenhofen» oder «Schaubenheimer» den Vorzug gegeben hätte.

Adsche knickte kurz in den Knien ein, um sich den Unterbau des weißen Pferdes anzuschauen. Dann fügte er hinzu: «Frau Meier.»

Man war sich einig. Die Schuldscheine der beiden Bauern wurden gegen das Pferd getauscht, und kurz darauf trotteten sie vom Grövenhof. Brakelmann führte Frau Meier ganz souverän am Zügel, die Nase des Pferdes über seiner Schulter. Er bremste das Tier, wenn es schneller gehen wollte, trieb es an, wenn es zurückblieb. Das machte er auf ihren langen Märschen seit Jahren mit Adsche ganz genauso. Aber natürlich kam es dem frischgebackenen Pferdebesitzer Brakelmann sehr entgegen, dass Frau Meier, ebenso wie Adsche, keine Neigung verspürte, Gras vom Wegesrand zu zupfen, sondern gutwillig mithielt.

Ein milder Westwind schob leicht von hinten, als sie auf diese Weise heimwärts gingen, Feldwege passierten, deren Namen wie «Hinterer Winkel», «Vorderer Winkel» oder auch «Toter Winkel» von dem Pulsschlag kündeten, der in diesem Teil der Welt herrschte, dem Frieden, dem Einklang. Nur Adsche nölte die ganze Zeit. Er gab vor, Pferde zu kennen, die kräftiger waren als Frau Meier. Er erinnerte sich daran, dass sein Vater einst ein Pferd hatte, was gleichbedeutend damit war, dass Adsche niemals und unter keinen Umständen jemals ein Pferd haben sollte, denn Adsches Vater hatte, wann immer er an irgendetwas gescheitert war, diesem «Irgendetwas» die Schuld gegeben und es für alle Zeiten und alle folgenden Generationen gebannt. Das hatte nach und nach den Spielraum für Adsche sehr verengt, denn Adsches Vater hatte nicht nur mit Pferden Schwierigkeiten, er war darüber hinaus gescheitert an Kühen, an Schafen, an Frauen, an Kindern, an Sparverträgen und Hypotheken. Gedanken daran mochten es gewesen sein, die Adsche so aufwühlten, dass er schließlich fragte: «Was machen wir denn jetzt mit dem Gaul?»

Brakelmann wäre nicht er selbst gewesen, wenn er nicht sogleich eine Idee parat gehabt hätte. «Von dir», meinte er, an Adsche gewandt, «stecken ja dreihundert in Frau Meier. Und von mir vierhundert, nä? Das sind drei Siebtel zu vier Siebtel, nich?»

Adsche runzelte die Stirn. «Was is das jetzt wieder für 'ne Rechnerei?»

«Die Woche hat sieben Tage. Also krieg ich Frau Meier vier Tage und du drei Tage.»

«Das geht mir jetzt zu schnell.»

«Das macht nichts, Adsche. Das kannst du zu Hause ja in Ruhe nachrechnen. Ich nehm jetzt Frau Meier mit, weil mein Tregger is ja kaputt, und ich muss allmählich mal mit den Saatkartoffeln loslegen.» Und mit diesen Worten und einem Frau Meier gewidmeten freundlichen «Komm» ließ Brakelmann nun Adsche zurück und begab sich auf seinen Hof, um dort «Frau Meier» in die Feldarbeit einzuweisen.

Brakelmann war noch nie in Hamburg gewesen, nicht in Kiel, nicht mal in Süderbrarup, und dahin hätte er immerhin zwischen Frühschoppen und Mittagspause mit dem Trecker fahren können. Er war stets in Büttenwarder geblieben, das heißt, auf seinem Hof, im Dorfkrug und auf den Strecken, die jeweils hin- und zurückführten. Brakelmann hatte nicht studiert. Höhere Schulen hatten vergeblich auf seine Bewerbung gewartet. Er hatte die Dorfschule besucht. Das ja. Die Einzelheiten über diesen Lebensabschnitt gerieten schnell in Vergessenheit. Brakelmann hatte den Hof seiner Eltern übernommen. Und angesichts der Zeichen von Auflösung und Niedergang, die ihn hier umgaben, wurden seine geistigen Qualitäten auch in diesem Spezialbereich von einigen sehr gering geschätzt. Es wurden Stimmen laut, die meinten, Brakelmann sei dumm geboren und habe dann im Weiteren nichts dazugelernt. Niemand widersprach solchen Äußerungen.

Wer allerdings weniger kleinlich urteilte, kam zu ganz anderen Einschätzungen.

Grenzte Brakelmanns Bereitschaft, sich Aufgaben zu stellen, von denen er keine Ahnung hatte, nicht schon an Weltoffenheit? Verriet nicht der Feuereifer, mit dem er stets versuchte, neue Herausforderungen geistig zu durchdringen, einen nie verzagenden Pioniergeist? Die Beweglichkeit, mit der er moralische Bedenken umging, zeugte sie nicht von geradezu urbaner Modernität?

Ihm selbst waren solche Erwägungen fremd. Er war praktischer orientiert. Und so verbrachte Brakelmann auf einem schattenlosen Flecken bei inzwischen stark ansteigenden Temperaturen den sonnigen Mainachmittag mit Frau Meier und dem Bemühen, das Tier mit seinem Zweiachsanhänger vertraut zu machen. Adsche hatte sich dazugesellt und beobachtete die vergeblichen Bemühungen, den Gaul in eine Zugmaschine zu verwandeln, mit wachsendem Spott.

«Hü», rief Brakelmann eins ums andere Mal. «Na, los jetzt!»

«Oh, ich glaub, jetzt hat sie sich ’n bisschen bewegt», meinte Adsche.

«Du kannst mich mal», rief Brakelmann mit feinem Gespür für Adsches Häme.

«Nee, wirklich. Da hinten, so ’n bisschen.» Adsche stand auf und streckte die müden Glieder. «Ach, das wird schon bis morgen, Brakelmann.»

Brakelmann verspürte keinen Abschiedsschmerz, als sich Adsche empfahl. Vielmehr versuchte er weiter mit Feingefühl, Frau Meier in Bewegung zu bringen. Was war nur los mit dem Pferd? Brakelmann war davon überzeugt, dass es einen guten Charakter hatte. Es wirkte ruhig und aufmerksam. Das Wesen von Frau Meier hätte er mit Worten wie «freundlich» beschrieben und «vornehm».

Ein vornehmes Pferd? Nur weil es nicht arbeiten wollte?

Er spürte, dass er an dem Punkt angelangt war, an dem er dringend etwas trinken musste. Frau Meier vermutlich auch. Er stellte der Stute einen Eimer Wasser hin und ließ sie dann einfach stehen. Es war unwahrscheinlich, dass sie weglaufen würde.

Im Bauernhaus fischte Brakelmann sich ein Bier aus der Kiste, ließ sich auf dem Sofa nieder und trank etwas. Sogleich geriet er ins Sinnieren rund um die Frage, wie sonst Frau Meier einen Wendepunkt in der wirtschaftlichen Entwicklung seines Hofes markieren könnte. Überlegungen dazu trieben ihn tiefer und tiefer in eine spiralförmige Kette von Gedanken an Geldscheine, die immer größer wurden und immer schneller über seine Stirn wischten.

Als er am nächsten Morgen aufwachte, stand das Pferd immer noch da, wo er es zurückgelassen hatte. Brakelmann hingegen trug plötzlich einen Pyjama. Er konnte sich nicht mehr daran erinnern, dass er sich bettfein gemacht hatte. Wieder einmal beschlich ihn das Gefühl, dass er viel leistungsfähiger war, als er es manchmal selbst glaubte.

Brakelmann filterte sich einen Kaffee, fand in seinem Ambiente irgendwo geschmacksneutralen Scheiblettenkäse und knackhartes Brot und begab sich mit alledem zurück in seine Bauernstube, von wo aus er weiter Frau Meier beobachten, zugleich aber auch fernsehen konnte, sofern es ihm gelang, die altersschwache Kiste anzuwerfen. Er hatte Glück. Die diversen Wackelkontakte ergänzten einander, und das Programm lief. Sein Sender brachte gerade Neuigkeiten aus der Welt des Sports, da sah er, dass Frau Meier plötzlich nicht mehr allein war. Bei ihr war Adsche, und der versuchte offenbar, Frau Meier an sein Mofa zu binden, versuchte also, sie wegzuschaffen, versuchte, und das sah Brakelmann an der ganzen Körpersprache seines Freundfeindes, irgendetwas.

Brakelmann stürzte hinaus und auf Adsche zu.

«Adsche, was treibst du da?»

«Heute bin ich dran.»

«Was hast du vor?»

«Das ist meine Sache.»

«Adsche, irgendwas schwebt dir doch da vor, vor deinem geistigen Glasauge!»

Adsche war es inzwischen gelungen, Frau Meier am Gepäckträger des Mofas festzumachen. «Heute hab ich die Verfügungsgewalt, Brakelmann, über das uns gemeinsame Pferd.»

«Ja, aber morgen ist das wieder da.»

«Ja. Vier Siebtel auf jeden Fall.»

«Adsche!»

«Auf dem Schlachthof kriegen wir wenigstens ’n paar Euro für den Haferfresser», kündigte Adsche an.

«Sag mal, bist du noch zu retten?»

«Was hast du denn vor mit dem Dipizaner? Willst du mit ihm im Zirkus auftreten?»

«Adsche, ich sag dir das immer und immer wieder. Ein Mann braucht eine Vision. Dann geht alles wie von selbst!»

Es war Brakelmanns letzter Joker gewesen: die dunkle Andeutung seiner intellektuellen Überlegenheit, einfach etwas sagen, was Adsche, was niemand, kein Mensch auf der ganzen Welt verstehen konnte, was aber gut klang. Und der Joker stach auch dieses Mal.

«Hast du Bier und Köm?», fragte Adsche und hisste damit die weiße Fahne.

Der Fernseher mit seinen interessanten Nachrichten aus der Welt des Sports lief noch, als die beiden nun einträchtig nebeneinander auf dem Sofa Platz nahmen, jeder eine Flasche Bier im Anschlag.

«Auf dem Schlachthof krieg ich zwei Euro für ein Kilo», nahm Adsche den Faden wieder auf, an dem das Leben des Pferdes draußen hing. «Was wiegt Frau Meier? Datt sind … bummelich … Na ja, jedenfalls kommt da ’ne ganze Menge zusammen. Du musst auch mal rechnen, Brakelmann.»

Adsche schien gar nicht zu bemerken, dass da ein Fernsehprogramm um seine Aufmerksamkeit buhlte. Der Anblick eines Zimmerspringbrunnens hätte ihn mehr fasziniert. Zwar hatte er in frühen Jahren gern bei seinem Jugendfreund Heiko Pöttersen an langen Sonntagnachmittagen den einen oder anderen Western geschaut, aber bald kam ihm alles so unrealistisch vor. Typen wie er selbst, beispielsweise, waren nie zu sehen, ebenso wenig Filme über die von der Krise in der Landwirtschaft gebeutelten Bauern. Er hatte mit diesem mangelhaften Unterhaltungsangebot abgeschlossen.

«Mein Spinargel ist mir eingegangen …», klagte er dafür völlig zusammenhanglos. «Letzte Woche. Die ganze Forschung für nichts …»

Brakelmann jedoch war abgelenkt von den Bildern. Es wurde von einem Trabrennen berichtet irgendwo im fernen Hamburg. Einige Pferde liefen sehr schnell geradeaus. Er konnte den Blick nicht mehr davon lösen, als er sagte:

«Adsche …»

Der tauchte weiter in den Untiefen seines ganz eigenen inneren Ozeans.

«Ich bin so enttäuscht.»

Eine Fliege landete auf dem Fernsehgerät und putzte sich. Hinter dem Gerät moderte die Wand, und darunter hatte sich der Hausstaub zu einer schwammartigen Masse gestaut. Und aus all diesem Moder und Staub, unter der sich putzenden Fliege, entsprang das Fernsehprogramm, in dem soeben rund um die Ehrung eines verschwitzten Pferdes mit aufreizender Beiläufigkeit ein Preisgeld von 150000 Euro erwähnt wurde. Brakelmanns Augen wurden feucht, seine Haut erwärmte sich.

«Adsche! Da is sie, die Idee!» Er stieß Adsche an. «Ja, guck doch mal!»

Adsche wandte sich müde zum Fernseher um. Was er da sah, konnte ihn auch nicht begeistern.

«Schon wieder Pferde», murrte er.

Brakelmann aber glühte jetzt, sogar sein Pyjama schien sich zu straffen.

«So. Und jetzt guck dir mal Frau Meier an. Komm, komm, komm! Na?»

Brakelmanns Arme wehten in Richtung Fenster, in Richtung Pferd. Adsche gab dem Drängen des Freundes zögernd nach und guckte nicht mehr zum Fernseher, sondern, ohne seine Sitzhaltung zu ändern, hinaus zu Frau Meier. Ein Hin und Her war das wieder, dachte er dabei. Brakelmann jedoch kannte nun kein Halten mehr. Die Euphorie durchlief ihn wie ein warmer Sommerregen. Und sie gründete sich nicht auf Geld, sie gründete sich auf die Idee von Geld, nicht auf Erfolg, nein, allein auf die Hoffnung auf Erfolg, als er ausrief:

«Frau Meier ist nicht dünn, die is edel!»

Frau Dr. Groth hatte vor vielen Jahren bereits die Tierarztpraxis ihres Vaters in Barsinghausen übernommen. Dem Ungestüm ihrer frühen Berufsjahre war es wohl zuzurechnen, dass sie einst mit einer nicht zugelassenen Impfstoffkombination den Restbestand an Schweinen auf dem Brakelmannschen Hof mit einem Schlag ausradiert hatte. Fünf Schweine waren am Herzinfarkt gestorben. Jeder Mensch macht mal Fehler. Und wenn Ärzte Fehler machen, sind es sogar Kunstfehler. Brakelmann hatte ihr das nicht übel genommen. Aber natürlich musste er ihr den Schaden berechnen. Und da die gute Frau gerade so ein schlechtes Gewissen hatte, rang er ihr damals das Versprechen einer fortan kostenlosen Behandlung ab – für die paar Hühner und Ziegen, die ihm nach «Frau Dokters» Visite geblieben waren, aber auch für ihn selbst, der von keiner Krankenkasse umworben wurde. Ein Anruf in ihrer Praxis hatte genügt, und nun stand die Veterinärin mit Brakelmann und Adsche schon im Stall und untersuchte Frau Meier.

«Ein edles Pferd, das ihr da habt», befand sie schließlich. «Ein Traber.»

«Na bitte», entfuhr es Brakelmann, und triumphierend blickte er zu Adsche, dessen ganze Körperhaltung jedoch verriet, dass ihn dieses Urteil nicht so recht mitreißen konnte.

«Bestimmt 'ne gute Abstammung», fuhr Frau Dr. Groth fort. «Habt ihr Papiere?»

«Nö», sagte Brakelmann nur.

«Aber Rennen kann die Stute nicht mehr laufen.»

«Ach nee ...» Jetzt wurde Adsche wach.

«Warum das denn nich?», fragte Brakelmann stellvertretend für das Pferd, leicht beleidigt.

«Die hat Knochenprobleme, beginnende Arthrose.»

«Ja, Brakelmann, du kannst ja heute Abend noch mal mit dem Klepper spazieren gehen. Morgen hab ich Nutznieß – weißt Bescheid, nä.»

«Adsche!»

Aber Adsche ließ sich nicht mehr zurückhalten. «Zwei Euro pro Kilo. Pünktlich morgen früh um sieben. Schlachthof. Das ist meine Idee.» Die Hände tief in den Hosentaschen vergraben, latschte er aus dem Stall. Je breitbeiniger Adsches Gang war, umso mehr Selbstvertrauen versuchte er damit zu demonstrieren. In diesem Moment war er kurz vorm Spagat. Brakelmann hingegen ließ die Schultern sinken. Mit dieser Bewegung verabschiedete er sich von sechsstelligen Preisgeldern und landete wieder matt beim einstelligen Kilopreis. Frau Doktor hatte darüber ihre Arzttasche geschlossen und wollte ebenfalls gehen, als sie Brakelmann noch einmal fragend musterte.

«Zum Schlachthof? Warum verdient ihr nicht Geld mit dem Pferd?»

Brakelmann war unsicher, ob er diese letzte Äußerung der

Medizinerin richtig verstanden hatte, deshalb antwortete er nach kurzer Überlegung:

«Hä?»

Frau Dr. Groth blickte Brakelmann fest an. «Züchten, Brakelmann.»

Wenn man wie Brakelmann täglich mit einem Menschen wie Adsche Umgang hatte, dann war es ein von Tiefsinnigkeit geradezu strotzendes Erlebnis, mal mit einem intelligenten Menschen zu reden. «Frau Dokter» benutzte jetzt Worte, nachdem sie vom Züchten gesprochen hatte, die Brakelmann nie zuvor gehört hatte. Sie formulierte so fintenreich, dass es ihn fast schwindelte. Phantastisch! Und Wörter wie «Züchtung», «Traber», «Ovulation» umschwirrten ihn noch, als er wenig später zum Dorfkrug latschte. Jetzt musste er planvoll vorgehen. Es lag in seiner Hand.

Im Dorfkrug saß, ganz wie Brakelmann es vorausberechnet hatte, Kuno am Tresen, seines Zeichens Stallknecht auf dem Reiterhof Strünker, der sich ja am Rande von Büttenwarder befand, fast in der Göbengarster Marsch.

Kuno war immer Kuno gewesen und nicht mehr, denn zu ihm hatte sich nie ein Vater bekannt. Und um diesen neuralgischen Punkt in seiner Biographie nicht ständig zu betonen, vermied man es, ihn beim Nachnamen seiner Mutter, den er notgedrungen führte, zu rufen. Kuno war mittlerweile Mitte vierzig, lebte mit seiner Mutti in einem schmucklosen Backsteinhaus, dessen erstes Stockwerk an Herrn Göbel, einen Kellner aus Klingsiehl, vermietet war. Die daraus resultierenden Einnahmen erlaubten es ihnen, nicht nur samstags bei Wertfrei, dem renommierten Discounter in Klingsiehl, einen üppigen Lebensmitteleinkauf zu tätigen, sondern noch ein Stück Kuchen im Bistrobereich zu verzehren. Für Mutti war das der Höhepunkt der Woche. Und Kuno fand es auch ganz gut. Im Dorfkrug machte er eigentlich nur von sich reden, wenn er gelegentlich einen ausgab. Er war der Einzige, der sich zu diesem kostspieligen Schritt hinreißen ließ. Ansonsten hielt er sich aus den Gesprächen heraus, saß ruhig am Tresen, verzehrte dort mehrmals täglich Lütt un Lütt. Viel wusste man nicht von ihm. Und das war allen schon genug.

Heute aber trat Brakelmann deutlich aufgeschlossener als sonst zu Kuno an den Holztresen, erinnerte den Stallknecht an ihre unverbrüchliche Freundschaft und zeigte tiefes Interesse an seiner Arbeit. Kuno wunderte sich darüber keinen Moment. Er seufzte und winkte ab wie jeder andere halbwegs Erwachsene, der über seine Arbeit sprach.

Adsche, der am Ecktisch saß, beobachtete argwöhnisch die überfallartige Herzlichkeit, mit der Brakelmann auf Kuno einwirkte.

«Sag mal, Shorty. Was reden die denn da?», fragte Adsche schließlich den Wirt, der seinen Posten hinter dem Tresen kurz verlassen hatte, um frischgezapfte Biere an die Gäste zu verteilen.

«Was weiß ich», erwiderte Shorty mit einem Gleichmut, der Adsche direkt kackendreist vorkam.

«Wieso weißt du das nicht? Du stehst doch die ganze Zeit dabei?», ereiferte er sich.

«Wenn dich das so interessiert, dann stell dich doch dazu», sagte Shorty und ließ Adsche zurück, der aus dem Augenwinkel registrierte, dass sich Kuno soeben in die Waschräume zurückzog. Adsche überlegte und dachte: Warum nicht? Stell ich mich halt dazu. Und kaum hatte er diesen Gedanken zu Ende gedacht, erhob er sich, ergriff sein Bier, schlurfte zum Tresen und gesellte sich zu Brakelmann.

«Na? Bist du mit Frau Meier hierhergeritten? Im gestreckten

Galopp?» Mit diesen Worten eröffnete er das Gespräch und fügte schnörkellos hinzu: «Was willst du denn von Kuno?»

«Frau Meier hat 'ne Ovulation.»

«Na sauber. Auch noch krank.»

«Eisprung, Adsche. Dokter Groth sacht, Frau Meier ist gut für die Züchtung. Aus ihren Fohlen mach ich dann Rennpferde. Und heute Nacht ist der Zeitpunkt günstig.»

«Brakelmann, ich versteh ja nicht viel von Pferden. Aber ich glaube, dafür brauchen wir 'n Hengst, nich?»

Adsche machte ein schlaues Gesicht, war dann jedoch irritiert, dass Brakelmann einfach schwieg und dazu ein sehr viel schlaueres Gesicht zeigte. Das stimmte Adsche nachdenklich. Was sollte das alles? Brakelmann will viele Fohlen, hat nur 'ne Stute, braucht also einen Hengst, hat keinen, geht in den Dorfkrug, bestrickt Kuno, den Stallknecht. Was sollte das bloß? Was ging da nur in Brakelmann vor? Was war das wieder für ein vertrackter Plan?

Als aber nun Kuno aus den Waschräumen zurückkehrte und am Tresen seinen alten Platz einnahm und Brakelmann sein gewieftes Mienenspiel zeigte, da verstand Adsche plötzlich alles. Natürlich. Und für einen Moment zumindest musste er seinem alten Freundfeind stillschweigend zu dessen Raffinesse gratulieren.

III

Wurst oder Liebe

Kuno zahlte seiner Mutti jeden Monat 200 Euro Kostgeld, legte 20 Euro zinsgünstig auf einem Sparbuch an, gab 160 Euro im Dorfkrug aus und behielt 20 Euro für Eis in der Hinterhand. Das heißt: Er brauchte monatlich 400 Euro. Und zu seinem großen Glück verdiente er genau diese Summe auf dem Reiterhof Strünker, wo er vor nunmehr zwanzig Jahren als Stallknecht debütiert hatte und inzwischen bei gleichbleibenden Bezügen zum Pferdepfleger aufgestiegen war.

Die Arbeit begann um halb sieben morgens und endete oft spät am Abend. Zwischendurch hatte Kuno Zeit, latschte auf dem Reiterhof herum, fuhr mit dem Rad in den Dorfkrug oder latschte einfach weiter auf dem Reiterhof herum. Manchmal lag er in einer der Boxen, wenn die Pferde draußen auf der Koppel waren, lag da und genoss das gebrochene Sonnenlicht, in dem der Staub tanzte, genoss den Klang der Stimmen draußen auf dem Hof, den Duft von Stallmist.

Der Strünker-Hof bot neben den Stallungen eine große Reithalle, einen Springplatz und einen Logierzirkel. Über dem Ganzen thronte in leicht erhöhter Lage das Herrenhaus, in dem die resolute Frau Strünker, seit ihr Mann mit einer Reitschülerin durchgebrannt war, alleine lebte. Kuno mochte die Arbeit hier, und er freute sich auch nach so langer Zeit jeden Tag auf die Pferde. Sie rochen gut. Sie rochen, fand er manchmal, nach Stolz. Und dann war Kuno noch etwas aufgefallen: Wenn er unter Pferden war, hatte er das Gefühl, etwas Besonderes zu sein. Wenn er unter Menschen war, hatte er dieses Gefühl nie. Und es stimmte ja. Kuno konnte vieles, was die Pferde nicht konnten: Armbewegungen machen, singen, Fahrrad fahren. Aber er ließ die Pferde seine Überlegenheit nicht spüren. Er fuhr deshalb im Stall grundsätzlich nie Fahrrad, sang selten und versuchte möglichst nie Armbewegungen zu machen. Und die Pferde dankten ihm seine Zurückhaltung und schenkten ihm ein Gefühl von Stärke, nach dem er sich so sehnte – insbesondere wenn Kuno wieder einige Tage recht viel mit seiner Mutti zu tun gehabt hatte.

Die Temperaturen waren in der Nacht kaum gesunken. Es war noch immer sehr warm. Kuno schwitzte jedoch nicht allein deswegen. Er ging unruhig vor den Stallungen auf und ab und versuchte vergeblich, sich zu erinnern, warum er sich auf diese Verabredung eigentlich eingelassen hatte.

Der Plan!

Jetzt bestürmte ihn die Nervosität in steigenden Fluten. Er dachte daran, wie Frau Strünker mit ihm schimpfen und ihm den Lohn kürzen würde. Eine Drohung, die sie von Zeit zu Zeit gern mal ausstieß, auch wenn Kuno nichts, aber auch gar nichts gemacht hatte. Er malte sich aus, wie Mutti mit ihm schimpfen und das Kostgeld erhöhen würde, wie Shorty enttäuscht sein würde, wenn Kuno im Dorfkrug notgedrungen den Konsum drosseln müsste. Der Plan! würde, wenn es schiefging, sein Leben am Ende auf den Kopf stellen. Kuno hoffte inständig, dass die beiden Bauern bald auf- und ebenso schnell wieder abtauchen würden. Angespannt blickte er in die Dunkelheit, aus der sie jeden Moment hervortreten mussten, stieß sich dabei an einem Holzbock, der für Sägearbeiten hier draußen stand, warf, als er sich an der Stallwand abstützen wollte, die dort abgestellten Dachlatten um, die lärmend zu Boden gingen. Kuno durchfuhr ein Schrecken nach dem anderen. Das alles war schon mal nicht Teil von Der Plan! Als er die Dachlatten gerade aufheben wollte, hörte er die Stimme Brakelmanns hinter sich.

«Sach mal, was machst du bloß für 'n Lärm? Wir müssen leise sein. Das ist: Der Plan!»

«Ja», erwiderte Kuno kläglich und blickte auch zu Adsche, der dösig neben Brakelmann einherging.

«Da», sagte Brakelmann und stellte einen leeren Kanister ab. «Den wolltest du doch haben.»

«Ja.» Kuno versuchte dankbar zu lächeln. Eigentlich brauchte er gar keinen Kanister. Aber als sie im Dorfkrug über Der Plan! sprachen, hatte Brakelmann eine Gegengefälligkeit angeboten. Und da war Kuno nichts anderes eingefallen als der Wunsch, Brakelmann möge ihm für kurze Zeit mal einen Kanister leihen. Kuno fand, das klang, als habe er etwas Interessantes vor. Männer, die Kanister haben, so fand Kuno, standen mitten im Leben, waren mit übergeordneten Dingen beschäftigt.

Jetzt aber galt es, keine weitere Zeit zu verlieren. Sie ließen die Dachlatten und den Kanister zurück und traten zur Stalltür. Kuno öffnete, um Brakelmann und Adsche einzulassen. Hastig verschloss er sie wieder hinter ihnen. Sodann durchquerten sie gemeinsam die Stallungen, wo die Pferde neugierig ihre Köpfe hoben und aus den Boxen blickten. Adsche entdeckte eines, das besonders abenteuerlustig wirkte.

«Was is denn zum Beispiel mit dem da?», fragte er.

«Dem da heißt Madonna», erwiderte Kuno kühl und deutete damit an, dass er durchaus über einschlägige Fachkenntnisse verfügte.

Brakelmann war aber nicht hier, um sich einen Vortrag über Pferde anzuhören. Das war nicht Der Plan! Nein: Der Plan! war ein ganz anderer: «Pass mal auf, Kuno! Wir brauchen 'n Hengst. Und zwar dringend.»

Ein schwarzes Pferd mit einer wolkigen Blesse auf der Stirn

und dichter Mähne sah aus einer der Boxen zu ihnen. Die Augen glühten vor Leidenschaft. Das spürten die drei Männer gleichermaßen. Fast andächtig standen sie vor ihm. «Der da ist unser bestes Stück», erläuterte Kuno. «Ein Traber – im besten Alter, topfit. Heißt Kavalier. Den könnt ihr nicht haben.»

Kuno ging weiter, da hielt er noch einmal inne und wandte sich um. Brakelmann und Adsche waren vor Kavalier stehen geblieben. Kuno ahnte, worauf es hinauslief, nämlich auf eine Reihe von «Nein!» und «Doch!» und «Nein!» und wieder «Doch!» – und dann auf Kunos Nachgiebigkeit. Und genauso geschah es.

«Aber macht schnell!», rief Kuno wenige Minuten danach mit gepresster Stimme, als er Brakelmann, der Kavalier am Zügel führte, und Adsche aus dem Stall ließ.

«Ja, das ist Kavalier seine Sache», entgegnete Adsche sachlich.

«Morgen früh muss er wieder hier sein!» So zumindest hatten sie es im Dorfkrug verabredet, sollte es mit Der Plan! funktionieren.

«Na ja, bis morgen wird er das ja wohl gebacken kriegen, nä!», meinte Brakelmann in vollem Vertrauen auf die Manneskräfte des jungen Hengstes.

Auf Kuno wirkte diese Äußerung nicht sehr beruhigend. «Pass bloß auf, Mensch!», rief er ihnen nach.

«Wenn du bang bist, komm doch mit», rief Brakelmann über die Schulter zurück.

«Nee, nee. Ich will mal lieber nicht mit euch gesehen werden.» Kuno spürte erst eine gewisse Erleichterung, als die Dunkelheit die beiden Bauern mit dem Pferd aufgenommen hatte und auch die Huftritte nicht mehr auf dem Hofpflaster zu hören waren. Blicklos ging er an dem Mikadomuster von Dachlatten vorbei und an dem Kanister. Er musste jetzt dringend nach

Hause und die Augen schließen. Dann hatte er vielleicht eine Chance, sich wieder ganz unschuldig zu fühlen.

Die Sterne leuchteten hell und klar in dieser Mainacht. Grillen zirpten ihren ewigen Lockgesang, warteten vor ihren Höhlen auf empfängliche Weibchen, waren bereit zur Begattung. Und der Duft von Feldblumen lag in der Luft und löste womöglich alle Hemmungen. So zumindest phantasierte Brakelmann, als sie über Nebenwege und Nebennebenwege zu seinem Hof spazierten, frei und schamlos:

«Bei so einem Rennen, da verdienen die 150000 Euro. Manchmal auch 180000, manchmal auch 200000. Rechne das mal allein zusammen!»

«Ja, das ja bummelich 'ne Million.» Auch Adsche, das zeigte dieser mathematische Beitrag, fühlte sich von der warmen Frühlingsnacht angeregt zu lustvollen Träumereien.

«Da können wir wirklich froh sein, dass wir 'n Pferd haben und nicht 'n Hund oder 'n Kanarienvogel, nä?»

«Oder 'n Zimmerspringbrunnen.»

«Ach du Scheiße!»

Brakelmann verhielt den Schritt, Kavalier folglich ebenfalls, und auch Adsche begriff mit einer leichten Verzögerung, dass ihre Lage sich urplötzlich geändert hatte. Vor ihnen befand sich ein Einsatzfahrzeug der Polizei. Der 1500er Volkswagen parkte unbeleuchtet und bucklig vor einer Scheune. Adsche deutete Fluchtimpulse an.

«Hierbleiben, Adsche. Mitgehangen, mitgefangen», raunte Brakelmann.

«Ja, aber das war doch deine Idee, dass Frau Meier 'ne Ovulation hat und Kavalier genau der Richtige ist!»

Brakelmann spürte sofort, dass Adsche nicht der Typ war, der ein scharfes Polizeiverhör ungebrochen hinter sich bringen würde. Folglich dachte er fieberhaft über eine Version des Tathergangs nach, die Adsche so lückenlos belasten musste, dass man auf seine Befragung verzichten würde. Dann aber blickte Brakelmann in das Fahrzeuginnere und staunte.

«Gar keiner drin ...»

Die beiden Bauern atmeten erleichtert aus und wollten ihren Weg gerade fortsetzen, als eine vom Dienst an der inneren Sicherheit geschärfte Stimme hinter ihnen laut wurde: «Was macht ihr denn hier? Um diese Zeit? Mit 'm Gaul?»

Brakelmann und Adsche fuhren zusammen und wandten sich um. Vor ihnen standen Hauptwachtmeister Gösen und Hauptwachtmeisterin Bieseke. Sie waren beide Ende dreißig und gelangweilt von ihren Ehepartnern, von ihren Kindern und von ihren Kontoauszügen. Umso mehr genossen sie die gemeinsamen nächtlichen Streifenfahrten, wenn sie ihre Wache in Klingsiehl, in der Peter sich schon lange zum wohlverdienten Feierabend verabschiedet hatte, verließen und kreuz und quer zwischen Süderbrarup und Töppenstedt, Barsinghausen, Drögenfeld und Klockenstedt, also rund um Büttenwarder patrouillierten.

«Und was macht ihr hier? In der Scheune?» Brakelmann hatte das eigentlich nur gesagt, um Zeit zu gewinnen. Bei näherer Betrachtung aber erkannte er ebenso wie alle anderen, vielleicht außer Kavalier, der recht unbeteiligt wirkte, welch tiefe Berechtigung diese Fragen hatten. Die beiden Polizeibeamten nämlich wirkten nicht vorschriftsmäßig zugeknöpft, in den Haaren von Hauptwachtmeisterin Bieseke ließen sich Halme von Stroh ausmachen, beide, das war selbst bei der nächtlich schwachen Beleuchtung gut zu erkennen, wirkten errötet, aufgewühlt und zugleich von Erregung ermattet. Eine Stille setzte ein, die von allen als willkommene Gedankenpause genutzt wurde.

Schließlich verkündete Hauptwachtmeister Gösen den Grad seiner investigativen Neigungen, indem er sagte: «Schönes Pferd ...»

Adsche nahm das Friedensangebot an, indem er erwiderte: «Ja. Schöne Scheune, was?»

«Tja, dann ...»

Und so ging man friedlich auseinander, und Brakelmann und Adsche erreichten bald darauf und ohne weitere Zwischenfälle Brakelmanns Hof und führten Kavalier in den Stall, wo Frau Meier bereits wartete.

Die erste Begegnung der beiden Pferde verlief für die beiden Züchter enttäuschend. Frau Meier und Kavalier rührten sich nicht und blickten hoheitsvoll aneinander vorbei. Brakelmann und Adsche nickten den Tieren ermunternd zu. Eigentlich könnte doch jetzt die Natur die Regie übernehmen, dachte Brakelmann. Das war doch Der Plan! Frau Meier hatte Ovulation, und Kavalier hatte alles, was ein Mann braucht. Die beiden hatten die Möglichkeit, die Gelegenheit und gute Gründe, es zu tun. Aber warum tat sich dann nichts? Aus den beiden Bauern wich langsam all die Spannung, die sich in den letzten Stunden aufgebaut hatte.

«Züchtung», bemerkte Adsche verächtlich. «Schlachthof, sag ich dir ...»

«Das liegt an ihm», analysierte Brakelmann feinsinnig und in dem Bedürfnis, Frau Meier in Schutz zu nehmen.

«Sie macht doch auch nichts.» Adsche hielt, unbestechlich durch Sympathie, dagegen.

Die beiden schwiegen einen Moment, betrachteten Frau Meier und Kavalier ganz genauso wie Frau Meier und Kavalier Brakelmann und Adsche betrachteten.

«Dass man auch so wenig Ahnung von Pferden hat», philosophierte Brakelmann mit leichtem Bedauern.

«Aber züchten wollen!»

Diese Provokation war das Letzte, was Brakelmann gebrauchen konnte in einer angespannten Situation wie dieser, in der ein zum Greifen naher wirtschaftlicher Triumph auf Messers Schneide stand. Für einen Moment drohte, wenn schon keine sexuelle, so doch eine sprachliche Eskalation. Es flogen Wörter wie «Torfkopp», «Klugscheißer», «Armleuchter» oder «Ziegenschänder» hin und her. Und wenn man sich dieses neandertalhafte Verhalten als graue Wolke vorstellt, erscheint einem der Blitz umso heller, der Brakelmann nun erleuchtete. Adsche nahm, wie gewöhnlich, sogleich Witterung auf, beobachtete Brakelmanns Mienenspiel, ahnend, dass es in ihm wieder einmal arbeitete. Und als Brakelmann rief: «Ausmisten! Bin gleich zurück!», da kannte Adsche kein Zögern und machte sich sofort an die Arbeit.

Während Adsche nun den Mist in die Karre forkte, hielt er sich nicht lange mit Spekulationen darüber auf, warum Brakelmann ins Bauernhaus gelaufen war und bald darauf mit seinem alten Skalenradio, einem Halstuch und Parfüm aus dem Nachlass von Brakelmanns Mutter zurückkehrte, warum er zur Eile drängte und Adsche, nachdem der Stall mit frischem Stroh ausgekleidet war, ins Haus kommandierte, um eine rot bemalte Glühbirne zu holen.

Auf einmal fügten sich alle Einzeleindrücke zu einem harmonischen Bild. Als Adsche mit der, wie er vermutete, eben erst von Brakelmann rot bemalten Glühbirne in den Stall trat, trug Frau Meier bereits das schmeichlerische Halstuch. Die Glühbirne wurde sodann eingedreht, Frau Meier mit Kölnisch Wasser besprüht und schließlich das Radio eingeschaltet.

«Und hier ist Kuschelmusik auf NDR 2 ...» Augenblicklich erklangen Geigen- und Klavierkaskaden eines gefühlsbetonten Gesangstücks.

«Mehr können wir nich machen», musste selbst Adsche einräumen.

«Ich glaub», meinte Brakelmann und konnte seine Aufgeregtheit kaum unterdrücken, «wir lassen die zwei jetzt mal ein bisschen alleine, nä?»

Die beiden Bauern zogen sich zurück. Doch kurz bevor sie den Stall verließen, wurden sie schon von ihrer Neugier übermannt, drehten sich um und blickten aus halbwegs sicherer Deckung zurück in den Stall. Zu dem Liebeslied aus dem Radio standen die beiden Pferde stumm und starr im dämmrig roten Licht. Frau Meier sah umwerfend aus. Und Kavalier war auch ein hübscher Kerl. Dennoch ließ sich ein gewisser sexueller Gleichmut, ja, ein tiefes Desinteresse beobachten, mit dem die beiden Pferde aneinander vorbeischauten. Und allmählich begriffen Brakelmann und Adsche, dass Frau Meier und Kavalier, und wenn sie zehn Jahre hier stehen würden, niemals zur Deckung kämen. Die ganze Arbeit an der Atmosphäre war für die Katz gewesen. Trostloser Stimmung zogen sich Brakelmann und Adsche ins Ambiente zurück, setzten sich bei nicht minder romantischer Beleuchtung an den Küchentisch, tranken Bier und Köm und schwiegen lange. Kaskaden von Ovulationen mochten vergangen sein, so schien es beiden, bis Brakelmann endlich die Stille durchbrach.

«Erodik, Adsche.» Es klang absichtslos, wie ein unbewusster Seufzer.

«Hör bloß auf», erwiderte Adsche düster. «Ich weiß doch auch nich weiter.»

Beide bewegten sich auf ihren eigenen Umlaufbahnen in den unvermessbaren Tiefen ihres geistigen Weltalls und ahnten nicht, dass sie sich in wenigen Nanosekunden an einem bestimmten Punkt treffen würden, als nämlich Brakelmann raunte:

«Ich darf da gar nich mehr an denken … Gerlinde Ködenbrök.»

Adsche hob leicht die Augen, was allein schon von tiefer Anteilnahme kündete, fing Brakelmanns Blick auf und schloss sich augenblicklich seiner Stimmung an.

«Ach, mit der haddesd du Erodik?»

«Jou», erwiderte Brakelmann.

«Ich auch», meinte Adsche und fiel wieder etwas in sich zusammen. Tief in seinem Innern löste die Erwähnung dieses Namens eine heftige Erschütterung aus. Aber es würde Tage dauern, ja, Wochen, bevor er das bemerkt hätte. Noch also blieb er ganz ruhig, ebenso wie Brakelmann, der nun ohne die geringste Spur von Aufregung fragte:

«Echt?»

«Einmal», antwortete Adsche. «Und dann noch zweimal.»

«Und sonst?»

Adsche ließ diese Frage langsam verhallen. Er hatte seinen Ausführungen nichts hinzuzufügen. Darum fragte er nur zurück: «Und du?»

«Ich?»

«Ja. Mit wem haddesd du noch so Erodik?»

«Gerlinde Ködenbrök», begann Brakelmann mit seiner Aufzählung und widmete ihr allein den Daumen der hochgereckten Hand.

«Haddesd du schon», meinte Adsche.

Brakelmann hatte seine Aufzählung beendet. Er ließ die Hand sinken und unterstrich, dass ihm Qualität mehr galt als Quantität. Ihm gefiel es besser, dass etwas selten gut war, als dass es andauernd schlecht war. Klar. Und so kam er zu der abschließenden Bemerkung: «Das war wenigstens schön.»

Wieder herrschte Stille. Doch jetzt war sie erfüllt von den Schwingungen erotischer Erinnerung, die beide Männer behämmerte.

«Kannst du dich überhaupt noch darauf besinnen? Die ist doch längst verheiratet und in Hamburch», fiel Adsche irgendwann ein.

Brakelmann lächelte sanft. «Ich weiß noch alles ...»

Adsche fühlte ebenfalls ein wohliges Prickeln am ganzen Körper, als er sagte: «Hach ... Ich auch ...»

An Brakelmann zogen die Splitter erregender Reminiszenzen vorbei. Er dachte an die Pferdedecke, auf der sie einst lümmelten, an die Mücken, die sein nacktes Gesäß malträtiert hatten. Er dachte an Gerlindes glockenklares und unbeschwertes Lachen, als sie sich hinlegten zwischen Blumen und Stroh, und die Sterne leuchteten sowieso.

Hä?

Ja.

Und er erzählte mit der Gitarre von seinem Leben ...

Mit der Gitarre? Er? Brakelmann?

Brakelmann schreckte auf und blickte Adsche erleuchtet an. «Ich hab's, Adsche!» Und schon sprang er auf und tänzelte geradezu in die benachbarte Bauernstube. «Wir haben die falsche Musik – das ist das!»

Adsche verstand nicht einmal Bahnhof. Er war Brakelmann in die Bauernstube gefolgt und sah nun verständnislos, wie Brakelmann eine Kommode durchwühlte und dazu rief: «Ja, ich hab die noch irgendwo!» Konnte es sein, dass ihm die Gedanken an «Erodik» auf den Geist gegangen waren?

«Watt denn?», fragte Adsche.

«Die Pladde», antwortete Brakelmann geradezu selig. «Immer wenn Gerlinde die Pladde gehört hat, dann ... eh ... Na, du weißt schon, nich?»

«Ach, du meinst ...», erwiderte Adsche.

«Jaaaa», gab Brakelmann laut kund.

Keine Frage: Hier unterhielten sich zwei Kenner der Materie.

«Und was war das für 'ne Pladde?», fragte Adsche. Er stellte die einzige Frage, die Sinn machte.

«Ich hab die irgendwo.» Brakelmann schaute sich suchend um.

«Ich hab ja noch nie 'ne Pladde gehabt», erklärte Adsche, um die Wartezeit bis zum Fund des Tonträgers mit weiteren persönlichen Geständnissen zu füllen.

«Die haben wir immer auf dem Schützenfest gehört», hangelte sich Brakelmann stattdessen weiter an seinem Thema entlang. «Und immer dann, dann hat Gerlinde immer ihren Kopf so an 'ne Seite gelegt und ihre Hand dann immer ... Na, du weißt schon ...»

Brakelmanns Erzählung hatte bei Adsche keinen Raum für Phantasie gelassen. Er wusste alles, und schließlich packte auch er aus: «Ich hab Gerlinde ja immer die Blumen erklärt. Das fand sie, glaub ich, ganz erodisch. Dann hat sie immer den Kopf so angelehnt ... Und die Hand war dann auch so ... erodisch ...»

Wie Federn in luftiger Höhe umschwebten Adsche Erinnerungen an sinnliche Gipfel.

«Da ist ja mein alter Pladdenspieler», rief Brakelmann auf einmal aus und schleppte das Fundstück behände zum Couchtisch, öffnete den Kasten und blickte stolz auf das kabellose Abspielgerät. «Der spielt mit ohne Strom», erläuterte er. «Wir haben die Pladde da draußen auf der Wiese gehört.» Brakelmann gestikulierte diffus in Richtung Irgendwo, wo sich die sagenhafte Wiese wohl befunden haben mochte.

Adsche lächelte still. «Einmal hab ich Gerlinde die Blumen auf der Bettwäsche erklärt», sagte er und fügte plötzlich ernüchtert hinzu: «Das war aber nich so erodisch.»

Brakelmann hatte inzwischen die «Pladde» gefunden. «Da ist sie! ‹Ein Bett im Kornfeld›. Das spielen wir jetzt Kavalier und

Frau Meier vor. Und dann wirst du sehen, dann geht das aber so düdeldüdeldupp ...» Brakelmann deutete einen als gelungen zu bezeichnenden Geschlechtsakt mit fahriger Gestik an. Adsche nahm die Zeichensprache auf. Ihm war natürlich vollständig bewusst, Gerlinde sei gedankt, wovon die Rede war.

In diesem Moment durchfuhr Brakelmann ein heiliges Erschauern. Aus der lappigen Schallplattenhülle zog er die heißbegehrte schwarze Scheibe, zerbrochen in zwei Teile. Lähmender Schreck erfasste auch Adsche.

«Ja, und nu?», fragte er.

«Und nu?», wiederholte Brakelmann etwas weinerlich und konnte den Blick gar nicht mehr von dem Scherbenhaufen vor sich lösen. «Mensch, ich hab die über Wochen in Felder und Wiesen – hab ich die transportiert, und nu is sie in Dutt.»

Adsches Aufmerksamkeit war geweckt.

«Habt ihr beide auch immer draußen ...?»

Adsche ließ das Satzende offen, im festen Vertrauen darauf, dass Brakelmann zusammenkombinieren würde, wovon er redete. Und Brakelmann wusste in diesem Moment sogar mehr als das: die Pferdedecke, der Pladdenspieler mit ohne Strom, die Mücken am ... Seine Augen füllten sich mit Tränen der Erleichterung, seine Stimme zitterte leicht, als er die frischerwachte Erkenntnis aus ihrer gemeinsamen Erinnerungsarbeit aussprach. «Ich hab's, Adsche», sagte er. «Gerlinde Ködenbrök – immer nur im Freien!»

Sie führten die Pferde aus dem Stall und merkten dabei erst, dass die Nacht inzwischen verstrichen war. Durch die konzentrierte Rückbesinnung auf die genaueren Umstände ihrer eigenen erotischen Erfahrungen war ihnen gleichermaßen klargeworden, wie es sich bei den Pferden verhielt. Es konnte ja gar nicht anders sein!

Nur wenige Schritte vom Hof entfernt befand sich eine Koppel, die nie genutzt wurde. Hierher brachten sie Frau Meier und Kavalier. Der Himmel rötete sich schon, die ersten Vögel begannen zu singen, der milde Wind umwehte sie mit einem honigsüßen Duft. Brakelmann und Adsche beobachteten, an das Gatter der Koppel gelehnt, wie die beiden Pferde den Auslauf genossen, mal im lockeren Trab auseinanderliefen, sich dann aber wieder annäherten.

«Was machen wir denn, wenn das auch nicht klappt?», fragte Adsche nach einer Weile.

«Dann kommt sie in die Wurst.»

«Das können wir Frau Meier nicht antun», erwiderte Adsche und verriet damit, dass er bei allen finanziellen Erwägungen, die ihn mal hierhin, mal dorthin trieben, doch ein weiches Herz hatte – zumindest für Pferde.

Da sahen die beiden, wie Frau Meier innehielt, die Hinterhände leicht öffnete, den Schweif hob. Nicht nur Kavalier war klar, was das bedeutete. Und deshalb wandten sich Brakelmann und Adsche diskret ab und gingen zurück zum Hof. Den Rest würde die Natur besorgen. Sie hatten wirklich alles getan, um ihrer Züchtung einen ersten Anstoß zu geben.

«Mein Gott», sinnierte Adsche noch. «Gerlinde Ködenbrök!»

Und Brakelmann ergänzte: «Immer nur im Freien!»

In aufgeräumter Stimmung kehrten die beiden Männer ins Ambiente zurück, tranken zusammen einen starken Morgenkaffee und verabschiedeten sich danach voneinander. Jeder wollte für sich ein wenig den nahenden Nennwerten entgegenträumen.

Adsche war gerade gegangen, als Kuno, die Klingel seines Fahrrads im Dauerbetrieb, aufgeregt vorfuhr. Lauthals rief er von draußen «Brakelmann!» und «Schnell!» und «Kavalier muss zurück!» und «Du kannst deinen Kanister wiederhaben!».

Brakelmann spürte zum einen, dass ihm einige Stunden Schlaf fehlten, zum anderen, dass er zu diesem Schlaf niemals kommen würde, solange Kuno nicht besänftigt war. Also ging er mit ihm zur Koppel, auf der Frau Meier und Kavalier bereits wieder so taten, als wäre nichts gewesen. Still grasten sie vor sich hin.

«Du bringst ihn aber zurück, Brakelmann», verlangte Kuno.

«Wieso, du musst doch sowie zum Reiterhof. Da kannst du Kavalier gleich mitnehmen, und ich bring dir später das Fahrrad und hol mir den Kanister.»

Dieser Ablauf war Kuno nicht nur zu komplex, er beinhaltete auch die Gefahr, dass der Stallknecht mit dem entführten Pferd gesehen wurde. Eine solche Lösung kam demnach für ihn überhaupt nicht in Frage. Daher führte Brakelmann Kavalier über Nebennebenwege zum Reiterhof, während Kuno zurückradelte, und zwar so, dass er von möglichst vielen gesehen wurde. Alibi. Obwohl er auf diese Weise mindestens zwölfmal die Dorfstraße klingelnd herauf- und hinuntergefahren war, bis Shorty ihn endlich wahrgenommen hatte, war Kuno lange vor Brakelmann bei den Pferdeboxen angelangt und hatte jede Menge Zeit, immer nervöser zu werden.

Brakelmann war vor Müdigkeit stehend k.o., als er schließlich mit Kavalier eintraf. Immerhin schafften sie es gerade noch, das Pferd zurück in seine Box zu stellen. Bei dem Versuch, den Kanister zurückzugeben und dabei gleichzeitig die umgestürzten Dachlatten wieder hochkant an ihren alten Platz zu stellen, waren die beiden jedoch überfordert. Kuno drehte sich um, ohne vorher berechnet zu haben, wie weit der Radius der Dachlatte reichte, und Brakelmann wich zu spät aus – schon hatte er eine klaffende Wunde an der Augenbraue. Es blutete. Und Brakelmann fühlte sich benommen. Er brauchte Hilfe. Die beiden Männer waren ratlos, mittlerweile aber wieder reinen Gewissens genug, um sich in dieser Situation an Frau Strünker zu wenden, die gerade mit ihrem Range Rover vorgefahren war.

Die Besitzerin des Reiterhofs neigte nicht zu Sentimentalitäten. Sie war die weibliche Variante eines Siegfrieds: blond, groß und stark, ausgestattet mit einer tiefen Stimme und einem Händedruck, kraftvoll wie eine Saftpresse. Kuno hatte Angst vor ihr. Brakelmann auch. Trotzdem eilte er so schnell, wie es ihm möglich war, zu ihr. Er erreichte Frau Strünker, noch bevor sie aus ihrem Wagen aussteigen konnte. Brakelmann zeigte auf die Wunde, die sie sofort streng inspizierte. Schließlich meinte sie, die müsse genäht werden, und stellte zugleich klar, dass sie das nicht machen könne – was Brakelmann kolossal erleichterte –, sie ihn aber selbstverständlich zu Dr. Duttelmann nach Klockenstedt bringen werde. Und als sie erwähnte, dass dies ja ein Versicherungsfall sei, stieg Brakelmann, nachdem es kurz in ihm gearbeitet hatte, geradezu erleuchtet zu ihr in den Wagen.

Während die beiden vom Reiterhof auf die Landstraße nach Klockenstedt fuhren, also über Klingsiehl und Düdersen, und Brakelmann sich seitlich in den Sitz drückte, weil er das Gefühl nicht loswurde, dass Frau Strünker vielleicht jeden Moment mit der rechten Hand herübergreifen und seine Knie massieren könnte, während sie nur überlegte – und sie war durchaus nicht geruchsempfindlich –, ob sie jemals den Gestank loswerden würde, der diesen Bauern umwehte, während all das also geschah, stand Kuno auf dem Hof und blickte ihnen nach.

Ja: Kuno galt vielen als reichlich unterbelichtet. Doch wer auch immer zu diesem Urteil fand, er lag damit falsch. Kuno war nämlich nicht blöd, er hatte vielmehr in seiner intellektuellen Entwicklung innegehalten. Er war nicht geistig begrenzt aus genetischen Gründen – sprich: bescheuert –, sondern geistig beschränkt aus eigener Entscheidung, sprich: frei!

Der Tag der Entscheidung war der 24. Juli 1972 gewesen. Kuno war acht Jahre alt und trug noch kurze Hosen, Kniestrümpfe und Sandalen und hatte Weitsprung geübt über eine Pfütze, die der Sommerregen auf dem Hof von Bauer Gröven hinterlassen hatte. Nach der siebenundvierzigsten Verbesserung des Weltrekords und der somit errungenen Goldmedaille für Büttenwarder hatte er sich ins Gras geworfen und in den mit feinen weißen Wolken bestrichenen blauen Himmel geblickt. Es roch nach feuchtem Gras und nach Mist, er dachte an Manuela Pöttersen, seine gleichaltrige Nachbarin, die hübsche blonde Haare hatte, und stellte sich vor, dieser Sommer würde niemals aufhören. Er fühlte sich so unbegrenzt, dass er am liebsten gejubelt hätte. Aber er blieb im Gras liegen. Er hörte das Muhen einer Kuh, hörte entfernte Stimmen, jemand klapperte mit Geschirr. Und er spürte den dünnen Schweißfilm auf seiner Haut. Da traf ihn eine Erkenntnis, die ihn seither nicht mehr losließ: Das Leben war ein einmalig schönes Erlebnis, ein himmelschreiend wundervolles Geschenk.

Diese Feststellung erfüllte ihn mit einem tiefempfundenen Glück, und er entschied sich in diesem Moment, unter der Sonne Büttenwarders, dieses Lebensgefühl mit allen Mitteln zu verteidigen, dieses Einverständnis mit der Welt niemals mehr preiszugeben. Dass Bildung, ein ambitionierter Lebensstil und gesellschaftlicher Ehrgeiz ihn daran hindern könnten, ahnte er dunkel. Also hielt er fortan Abstand davon. Es fiel ihm gar nicht schwer.

Neben dem alten Grövenhof stand ein schlichtes Backsteinhaus. Hier lebte Kuno mit seiner Mutti – und mit jenem Herrn Göbel, einem ehemaligen Schwergewichtsboxer, der mit

Mitte sechzig als Kellner in Klingsiehl arbeitete und Muttis Obergeschoss möbliert gemietet hatte. Wenn der kantige und grobe Mann nächtens mit kömschwerem Gang heimkehrte und Mutti oder Kuno noch antraf, gab er gern Geschichten von seinem Arbeitstag zum Besten, in denen deutlich wurde, dass er nicht zu der Sorte Kellner gehörte, die zu irgendwelchen Freundlichkeiten gegenüber hergelaufenen Gästen neigt. Es ging in seinen Geschichten um Bitten, die mit Hochmut beantwortet wurden, um Beschwerden, die Drohungen auslösten. Einen Abend in der Klingsiehler Altbier-Stube musste man sich demnach wie einen stetig eskalierenden Bürgerkrieg vorstellen.

Im Erdgeschoss befand sich das Badezimmer, die kleine Küche, ein Wohnzimmer mit Schrankwand, das Kunos Mutti auch als Schlafzimmer diente, und Kunos Zimmer. In einem Regal neben seinem Jugendbett lagen ein paar Spiele – Rennwagenpuzzle dreihundert Teile, Autoquartett, Deutschlandreise. Bücher hatte Kuno nie gelesen. Er hatte aber in seiner Jugend zeitweilig geraucht und aus Laune versucht, immer eine andere Marke auszuprobieren. Die Packungen hatte er gesammelt: Ernte 23, Milde Sorte, Overstolz. Nach den drei Packungen hatte er das Rauchen aufgegeben.

An der Wand neben dem Fenster, das er vom Bett aus gut sehen konnte, hatte sich für kurze Zeit ein Poster befunden, das ein junges Mädchen in einem knappen Schottenrock beim Besteigen einer Leiter zeigte. Aber Mutti hatte es eines Tages ausgetauscht gegen ein Poster von einem Mann namens Florian Silbereisen. Kuno hatte keinen Schimmer, wer das war, und fand, dass der Typ aussah wie einer, der sogar mit dem Arsch grinsen kann. Das Mädchen hatte Kuno besser gefallen, aber er wollte seine Mutti nicht aufregen, zumal er, wenn er nur die Augen schloss, sich sehr gut an das hübsche Mädchen erinnern konnte. Und das war, wie er fand, eigentlich besser, denn dann konnte sie auch mal ein, zwei Sprossen weiter hinaufsteigen. In seinen Gedanken. Und wieder herunter. Und ganz langsam wieder hinauf ... Vielleicht war dies ein erster Hinweis auf etwas, was Kuno noch übersah, aber bald, sehr bald deutlicher werden würde. Kunos Mutti wusste nichts von der Macht der Phantasie, die ihrem Sohn zur Seite stand. Er wusste es nicht einmal selbst.

Die Wolken hatten sich bedrohlich zusammengeschoben, aber Kuno schaffte es vor dem Regen, nach Hause zu kommen. Dort empfing ihn der Geruch von angebrannten Kohlrouladen. Mutti war eine von jeher überforderte Köchin gewesen, die aber vor anderen gern vorgab, Kuno könne sich an ihrer Kochkunst gar nicht satt genug essen. Kuno streifte seine Schuhe ab, hängte die Mütze an den Haken, seine Jacke auf den Garderobenbügel im Eingang und ging in die schmale Küche, wo Mutti in ihrer kleingeblümten Kittelschürze in den Dämpfen stand und gerade die Gabel in die kochenden Salzkartoffeln steckte.

«Ich mach mal das Fenster auf!», rief Kuno.

«Deck bitte zuerst den Tisch, aber mit dem guten Geschirr», antwortete sie. «Ich hab die Verlängerungsplatten schon ausgezogen, und die Decke liegt auch schon drauf.»

Kuno sah Mutti fragend an. «Kriegen wir Besuch?»

«Wir werden acht Personen!»

«Acht?»

Mutti blickte indes wieder kopfschüttelnd auf die angebrannten Kohlrouladen. «Das man vor allem alleine steht ...»

Kuno wandte sich rasch ab und ging ins Wohnzimmer, trat an die Schrankwand, öffnete ein Element und entnahm ihm das goldrandige Geschirr, das sie zuletzt anlässlich seiner Konfirmation benutzt hatten.

«Ich hab alles mal klein gestellt», verkündete Mutti, als sie mit kurzen Schritten ins Wohnzimmer trippelte.

«Wer kommt denn jetzt überhaupt?»

«Also, bitte nicht in diesem Ton, Kuno! So redet sonst keiner mit mir!»

«Wer kommt?»

Mutti verstummte. Kuno sah sie mit einem leisen Verdacht an.

«Du wolltest es ja immer so gerne wissen ...», meinte Mutti und wirkte gerührt von ihrer eigenen Rührung.

«Was?»

«Das mit deinem Vati.»

«Das will ich aber gar nich mehr wissen», sagte Kuno ernst.

«Früher wolltest du das immer wissen.»

«Ja, früher war das vielleicht wichtiger.»

«‹Mutti, Mutti›, hast du immer gesacht. ‹Alle haben 'n Vati. Wo ist denn meiner?› Du kannst dir gar nich vorstellen, wie mir dann jedes Mal die Tränen gekommen sind.»

«Ja, tut mir leid, dass ich gefragt hab.»

«Gott, was hab ich gelitten um dich. Aber jetzt muss ich mich fertig machen.»

Mutti ließ Kuno zurück, um im Badezimmer die passende Perücke aufzusetzen. Kuno blickte zu dem für acht Personen gedeckten Tisch. Hier hatten all die Jahre nur Mutti und er gesessen. Sechs Personen sollten dazukommen. War Vati ein Basketballspieler? Oder Musiker in einer Band? Florian Silbereisen?

Es hatte Zeiten gegeben, in denen Kuno neugierig gewesen war auf seinen Vati. Aber nach mittlerweile mehr als vierzig Jahren hatte ihn das Gefühl beschlichen, dass diese Neugier nicht erwidert wurde. Jahr für Jahr fuhren Kuno und Mutti nach Bad Gandersheim. Dort, so hatte Kuno irgendwann geschlussfolgert, lebte sein Erzeuger wohl, denn Mutti hatte manches Mal mit der pikierten Miene der Sitzengelassenen von einem Futtermittelvertreter aus Bad Gandersheim erzählt. Er hatte dafür gesorgt, dass sie vor allem alleine stand und ihr ständig die Tränen hochstiegen. Sommer für Sommer deutete Mutti während der endlosen Busreise dorthin an, dass Kuno diesmal womöglich seinen Vati kennenlernen würde. Sie waren dann in Bad Gandersheim tagelang durch den Kurpark spaziert, hatten in der immer selben Eisdiele am Bahnhof gemischtes Eis mit Sahne gegessen und das Sole-Waldschwimmbad besucht, wo Kuno seiner Mutti tiefe Sorgenfalten bescheren konnte, wenn er per Köpper ins Wasser sprang. Mutti saß stets in voller Montur auf einer Bank. Sie konnte nicht schwimmen. Abends dann spielten sie nach der *Tagesschau* auf der Terrasse der Privatpension Mau-Mau, bis es dunkel wurde und sie sich in ihr enges Zweibettzimmer zurückzogen. Eine Woche lang. Sommer für Sommer. Vati war nie aufgetaucht.

Kuno sah aus dem Fenster. Es hatte zu regnen begonnen. Auf dem kleinen Platz, der zwischen ihrem Haus und dem Grövenhof lag, fuhr ein Großraumtaxi vor. Mutti rief in diesem Augenblick aus dem Badezimmer, er möge sich sein ordentliches Hemd anziehen.

Im Frühstücksraum der Privatpension in Bad Gandersheim saßen sie für gewöhnlich mit anderen Gästen an einem Tisch. Kuno wusste daher, was Mutti zu einem Gespräch mit Fremden beisteuern konnte. Zum einen die Tatsache, dass er, Kuno, früher viel niedlicher war, zum anderen, dass sie, Mutti, vor allem alleine stand. Was andere sagten, interessierte sie für gewöhnlich nicht. Und wenn es sie interessierte, verstand sie es nicht. Dann behalf sie sich mit leichtem Abwinken und einem Gesichtsausdruck, der nicht nur Enttäuschung verriet, sondern auch eine traurige Routine im Umgang mit Enttäuschungen. Manchmal kamen ihr recht ungehemmt die Tränen.

Es dauerte eine Weile, bis die Seitentür des Taxis aufgeschoben wurde und die ersten Fahrgäste ausgestiegen waren. Daran war vielleicht der Regen, vielleicht die gebändigte Vorfreude der Insassen schuld.

«Die müssen jetzt jeden Moment hier sein», rief Mutti aus dem Badezimmer. «Die sind mit der Bahn auf der Durchreise und übernachten in Klingsiehl.»

Kuno sah einen älteren Herrn, der einen Schirm aufspannte, um einer älteren Dame Schutz zu geben, die gerade ihre Füße vorsichtig auf den aufgeweichten Boden setzte. Hinter ihr stiegen ein Mann und eine Frau in mittleren Jahren aus, die einem etwa sieben und einem etwa vier Jahre alten Mädchen Regenjacken überzogen. Dann blickten sie alle sechs zu dem Haus. Die Kohlrouladen konnten sie womöglich schon dort draußen riechen. Kuno fiel auf, dass sie alle denselben Gesichtsausdruck hatten. Niemand von ihnen mochte Kohlrouladen. Der alte Herr beugte sich noch einmal in das Taxi und sprach mit dem Fahrer, der daraufhin offenbar den Motor ausstellte, denn die Scheinwerfer erloschen. Der alte Herr war klein und kräftig wie Kuno. Mit schweren Schritten wandte er sich mit seiner richtigen Frau und seinem richtigen Sohn und seiner richtigen Schwiegertochter und seinen richtigen Enkelkindern der Haustür zu und trat so aus Kunos Blickfeld.

«Und Kuno, bitte, red nur, wenn du was gefragt wirst», riet Mutti aus dem Hintergrund.

Kuno war sicher, dass er nichts gefragt werden, dass er keine Sekunde mit seiner Mutti dieser Familie gegenübersitzen wollte. Als es an der Tür läutete und Mutti aufschrie: «Da sind sie! Ich werd verrückt!», hatte Kuno die Terrassentür geöffnet. Er zwängte sich hinaus, drückte die Tür wieder zu und rannte davon. Nach wenigen Schritten war er bereits völlig durchnässt. Er sah sich um, auf der Suche nach einem Unterschlupf. Dabei fiel sein Blick immer wieder auf das Taxi, das dort vor ihm auf die Familie aus Bad Gandersheim wartete.

Kuno zögerte kurz, schließlich lief er mit großen Sätzen zur Beifahrertür des Wagens und öffnete sie.

«Entschuldigung, darf ich mich kurz mit reinsetzen?»

Der Fahrer hatte in einem Heft gelesen und ließ es nun sinken, musterte Kuno kurz und meinte mit einer Freundlichkeit, die Kuno fast zum Heulen gebracht hätte: «Na klar, Kollege. Komm rein.»

Regentropfen detonierten salvenweise auf der Motorhaube vor ihnen. Durch den dünnen Wasserfall, der sich über die Windschutzscheibe ergoss, konnte Kuno beobachten, wie die richtige Familie unbeholfen vor seiner ratlosen Mutti am Esstisch stand. Zu Kunos Überraschung setzten sich aber alle Besucher, und Mutti trug auf.

«So ein Quatsch», sagte der Fahrer. «Hier, kannst du haben. Ich hab noch was anderes.» Er reichte seine Lektüre weiter an Kuno und griff mit links in die Seitenablage, in der ein zusammengerolltes Exemplar des *Landboten* steckte.

Kuno hatte keine Lust zu lesen, aber er brauchte eine Tarnung, einen Schutzwall. Also schlug er das Heft auf und hielt es sich vor das Gesicht. Er sah grelle Bilder, gemalte Figuren, die sich Kampfszenen lieferten in einer exotischen Welt. Die ersten Worte, die er entzifferte, illustrierten die Bilder und lauteten «Zonk» oder «Krawutsch» oder «Gsching, gsching». Er begann nun doch mehr von der Geschichte wissen zu wollen, und das hieß: Er begann zu versinken. Bald hatte er seinen Helden gefunden: Sein Name war Bob Bankish. In der Welt der Superfighter kämpfte er unter dem Namen «Killerkralle». Er war stark, klug und gerecht. Er war immer da, wenn man ihn brauchte, und hatte stets einen Rettungsplan. Er hätte viele Kinder haben sollen. Aber an diesem Tag adoptierte er nur eines. Kuno.

IV

Der Gipfel aller Tiefpunkte

Adsche hatte noch eine Weile auf dem verschneiten Feldweg gestanden und die Zeit gedehnt. Er hatte sinniert, ob Brakelmanns Idee, in Büttenwarder die Weihnachtsgeschichte zur Aufführung zu bringen, Nennwert versprach. Wenn ja, musste Adsche unbedingt eine Möglichkeit finden, an den Gewinnausschüttungen teilzuhaben, dadurch könnte er dann endlich seinen Hof sanieren, mit den Erträgen in der Tasche würde er daraufhin in die Stadt fahren, zum Beispiel nach Klingsiehl, und mal eine gute Hose kaufen und ein frisches Hemd, vielleicht auch zum Friseur gehen und einen Blumenstrauß aussuchen, mit dem er sich in die Regionalbahn nach Hamburg setzen würde, um dort Gerlinde seine Aufwartung zu machen. Seit er im vergangenen Mai ihren Namen nach langer Zeit wieder gehört hatte, war ihm klar geworden, dass er sie in Wahrheit nie vergessen hatte.

Wenn Brakelmanns Idee sich dagegen erneut als Rohrkrepierer erweisen würde, hätte Adsche Zeit verloren und müsste danach wieder reichlich dehnen, um den Verlust auszugleichen.

Die Sonne war schon lange untergegangen. Wie kalt es geworden war, dachte Adsche, und er spürte es auch, als er nun einen Schritt vor den anderen durch den knarzenden Schnee setzte. Seine Gelenke schienen vereist, die Knochen starr vor Frost. Er war bereit, Brakelmann eine letzte Chance zu geben.

«O du … o du … o du fröhliche», brummte es von weitem. In der Bauernküche waren die Vorhänge geschlossen, eine zerbeulte Arbeitslampe spendete Licht, eine Weihnachtskerze auf einer angestoßenen Untertasse sorgte für besinnliche Stimmung. Brakelmann saß in seinem Ambiente am Küchentisch vor der klapprigen mechanischen Schreibmaschine, in die mehrere durch Kohlepapiere getrennte Blätter übereinander eingespannt waren – ein Bild, von dem Adsche sich in diesem Moment fest vornahm, es niemals zu vergessen. Er hatte keine Ahnung, warum.

Brakelmann tippte munter und rief darüber, ohne aufzublicken, gerade so, als habe er Adsche an den Schritten erkannt: «Kannst dich gerne nützlich machen. Wir brauchen dieses heilige Krippendings. Das muss da irgendwo in der Remise sein. Das war damals Dekoration für unser Romantikhotel.»

«Ich guck mal», erwiderte Adsche und taperte in die Remise. Und damit war ihr neuerliches geschäftliches Bündnis wieder einmal frei von allen Präludien besiegelt.

Die ganze Nacht wurde gearbeitet, unterbrochen nur durch die Getränkepausen.

Brakelmann feilte fieberhaft an einer bühnentauglichen Version der Weihnachtsgeschichte, und Adsche fand unterdessen einige Bestandteile des Weihnachtskrippen-Bühnenbilds, das sie Jahre zuvor hier aufgebaut hatten, um ein Bild zu schaffen für das ländlich-friedliche Ferienparadies Büttenwarder. Das Projekt damals hatte auch nicht hingehauen. Aber der Fund der Requisiten stimmte Adsche optimistisch. Er nahm dieses Stimmungshoch zum Anlass, in die Küche zu gehen, Brakelmann ein Daumen-hoch-Zeichen zu geben und Köm nachzuschenken. Die beiden prosteten einander zu und tranken. Einvernehmlicher konnte eine Zusammenarbeit zwischen zwei Männern nicht verlaufen. Brakelmann gab Adsche einen beschriebenen Notizzettel und schickte ihn damit in den Schuppen hinaus, überlegte kurz und tippte dann weiter.

In Adsches Kopf summte es schon «O du fröhliche» kreuz und quer. Er holte eine alte Tapetenrolle hervor, fand einen Pinsel und schwarze Farbe, blickte zu dem Notizzettel, und seinem Wortlaut folgend beschriftete er die Tapete mit kunstvoll geschwungenen Buchstaben.

So arbeiteten sie die ganze Nacht friedvoll und konzentriert nebeneinanderher, und die weihnachtliche Kerze war bis auf einen kleinen Wachsrest heruntergebrannt, als Brakelmann feierlich die letzten Buchstaben in die Maschine drückte.

«En – de», raunte er. Es war vollbracht.

Adsche öffnete die Schuppentür, die er, als sie sich wie gewohnt aus der Angel löste, achtlos fallen ließ. Er blinzelte in den Morgen. Es war noch kälter geworden, und über Nacht hatte es erneut geschneit. Die Gartenmöbel waren unter dem frischen Schnee kaum zu erkennen. Adsche lächelte versonnen und kehrte zurück in die Remise, betrachtete das hier aufgebaute Bühnenbild: eine Krippe, ein großes Tuch, Strohballen, allerlei Goldsterne. Volle Stimmung. Daneben hatte er die großformatigen Tapetenstücke zum Trocknen an die Wand gelehnt, darauf hatte er jeweils geschrieben:

Büttenwarder Krippenspiel
Erwachsene 2 €, Kinder die Hälfte
Heiligabend, 15 Uhr im Büttenwarder Dorfkrug
Eintrittskarten vorbestellen unter Vorwahl Büttenwarder und dann 37

Adsche machte eine zufriedene Miene und hörte, als er nun seine Schritte in Richtung Bauernküche lenkte, wie Brakelmann telefonierte.

«Shorty? Shorty, bist du noch da?»

Die Vorhänge vor den Fenstern waren bislang nicht aufgezogen. Brakelmann saß, wie die ganze Nacht schon, an der klebrigen Wachstuchtischdecke in der Küche und schlug gerade mal wieder den Hörer an die Tischkante. Danach hielt er das Gerät erneut ans Ohr.

«Hörst du mich jetzt?», rief er. «Ja, is gut ... Ja, die andern wissen Bescheid ... Bis gleich ... 'schüs ...»

Brakelmann legte den Hörer auf. Währenddessen trat Adsche zum Herd, nahm einen Topf mit kochendem Wasser herunter und goss es in einen Porzellankaffeefilter, der bereits auf einer abgestoßenen alten Kaffeekanne stand.

«Und?», fragte er dabei.

Brakelmann deutete auf das sauber aufgeschichtete Manuskript.

«Ich hab den ganzen Schamodder mal runtergeschrieben.»

Er ging ans Fenster und riss die Vorhänge auf.

«Wie viele Leute passen rein in Shortys Schuppen?», sinnierte Adsche derweil. «Hundert? Hundertfünfzig? Und dann nehmen wir pro Person zwei Euro, Kinder die Hälfte? Was soll denn am Ende der Nennwert sein? 300 Euro?»

«Alles für die Orgel ...»

«Und für wen is sonst noch was drin?»

Brakelmann blickte still empört auf. «Na, hör mal, Adsche! Ist doch Weihnachten!»

Der Kaffee lief weiterhin durch. Die beiden Männer überbrückten die Wartezeit mit einem Köm. Der war schnell eingeschenkt und schnell getrunken.

Adsche setzte sich. «Darüber müssen wir noch mal sinnieren, Brakelmann.»

«Wir?», wiederholte Brakelmann und nahm ebenfalls erneut Platz. «Wieso wir? Was hast du denn damit zu kriegen?»

«Ich spiel doch mit! Da freu ich mich schon so drauf», erwiderte Adsche im Überschwang.

«Nee, Adsche», beschied ihm Brakelmann in amtlichem Ton. «Du spielst nich mit.»

Adsche war fassungslos. «Und warum nich?»

«Du bist nich so 'n guter Schauspieler», sagte Brakelmann einfach und sortierte die Manuskriptseiten.

«Aber du!»

Brakelmann unterzog sich nicht der Mühe, von seiner Beschäftigung aufzusehen, als er Adsche erklärte: «Als Schauspieler muss man auch mal 'n anderes Gesicht machen. Du machst immer dasselbe Gesicht.»

Adsche machte dasselbe Gesicht wie zuvor. Er war ja auch immer noch fassungslos.

«Die drei Könige», fuhr Brakelmann fort, «spielen Shorty, Kuno und Schönbiehl. Frau Schönbiehl spielt Maria, und ich spiel Josef. Fertich is der Lack.»

«Aber die blöden Plakate darf ich malen!», rief Adsche aus. «Also, das ist jetzt wirklich wieder mal der Tiefpunkt! Ich wollte so gerne Theater spielen!»

«Adsche, man kann nicht alles können. Das weiß doch keiner so gut wie du!»

Adsche rang nach einer Formel für seine Gefühle, dann endlich stieß er sie heraus: «Das is von all den Tiefpunkten mit dir der absolute Gipfel!»

Adsche stand auf und ging sehr beleidigt hinaus, langsam, um Brakelmann die faire Chance zum Einlenken, zur Rücknahme der Enttäuschung zu geben. Aber daran dachte Brakelmann nicht einen Moment. Er blickte Adsche nur kurz nach und trank dann vom dampfenden Kaffee, der nun fertig war.

Auf steifen Stelzen verließ Adsche Brakelmanns Ambiente. Er wollte jetzt nicht nach Hause. Er wusste durch das mitangehörte Telefonat, dass Brakelmann die erste Probe in dem an den Dorfkrug angrenzenden Schuppen angesetzt hatte. Er fand, es war Zeit für ein zweites Frühstück, und fühlte sich dabei magisch angezogen von dem Schmerz, der ihn erwarten würde, wenn er als Einziger nicht am Theaterspiel teilnehmen durfte. Also latschte er, die Hände tief in den Hosentaschen, den Feldweg entlang, fremd und einsam, als wäre er aus dem Weltall hier abgeworfen worden.

Nach wenigen Metern hörte er hinter sich das bekannte Geräusch vom Gemeinschaftsmofa, über das sie im zweitäglichen Wechsel gemeinsam verfügten und das dieser Tage Brakelmann zustand. Adsche war fest entschlossen, sich jetzt nicht mehr umstimmen zu lassen. Brakelmann sollte doch vor ihm auf den Knien herumrutschen – niemals würde er in dem blöden Weihnachtsstück auftreten. Adsche sah, dass Brakelmann, gehüllt in seinen alten Lodenmantel, tief auf dem Mofa saß und einen abgeschubberten Leinenrucksack auf dem Rücken trug, aus dem die zusammengerollten und von ihm auf Tapetenpapier gemalten Werbeplakate ein Stückchen herausragten. Er schluckte voller Bitterkeit. Und Brakelmann fuhr an ihm vorbei, ohne ihn eines Blickes zu würdigen, geschweige denn, vor ihm auf den Knien zu rutschen.

An der Mündung des Feldwegs in die Landstraße deutete ein Wegweiser nach links in Richtung Klingsiehl. Dorthin bog Brakelmann nun ab, wohl um die Kunde von dem Weihnachtsstück in die Welt zu tragen.

Erschöpft von der schlaflosen Nacht, aber mehr noch von der menschlichen Enttäuschung, schleppte sich Adsche in den Dorfkrug. Im Schankraum war keine Menschenseele. Also ging er über den engen Flur, vorbei an der Treppe, die zu den Gästezimmern führte, und zu dem Schuppen, in dem Shorty gerade allerlei Gerümpel beiseitestellte, wohl um Raum für eine Probebühne zu schaffen.

«Kann man hier vielleicht auch mal was zu trinken bekommen», klagte Adsche an.

Shorty musterte ihn – wie einer, der mitspielen darf, einen anguckt, der nicht mitspielen darf. Wortlos kehrte er mit Adsche in den Schankraum zurück, zapfte ein Bier und ließ ihn damit allein. Adsche trank einen Schluck und spürte dann nur leicht, wie kühles Furnier seine Stirn berührte. Und sein letzter Gedanke galt der Frage, was der Tresen eigentlich an seinem Kopf verloren hatte.

Als er wieder aufwachte, war vielleicht eine Stunde vergangen. Aus dem Lagerraum drangen Stimmen zu ihm herüber, darunter auch die seines ärgsten Widersachers und ehemaligen Freundes.

«Die hängen überall ... Klingsiehl ... überall ... ich hab Peter welche für seine Streifenfahrt mitgegeben für Barsinghausen, für überall ...»

Adsche schlich über den Flur zu der nur leicht angelehnten Tür des Schuppens. Vorsichtig blickte er durch den Spalt und sah Brakelmann, der Shorty nicht ohne Stolz eines der beiden letzten Plakate zeigte, während Kuno um sie herum die Bühne fegte und dabei immer mal wieder den Besen benutzte, um die zarte Andeutung eines Stockkampfes zu liefern. Shorty hatte unterdessen das Plakat eingehend betrachtet und sagte schließlich:

«Zwei Euro, Kinder die Hälfte? Ich weiß nicht, Brakelmann. Da kommt doch nix bei rüber ...»

«Aber Shorty! Du hast doch gehört, was der Bürgermeister gesacht hat. Ist alles für die Kirchenorgel.»

«Und die Saalmiete?»

«Das ist ja wohl Ehrensache. Ist schließlich Weihnachten.»

«Sicher. Aber ich hab gedacht, dass trotzdem ... Kling, Glöckchen, klingelingeling ... Wenn du verstehst, was ich meine.»

«Nein, Shorty. Das darfst du nich mal denken. Am Heiligen Abend!» Brakelmann lächelte harmlos. «Wir sind doch nich wie die anderen alle!»

Kuno fegte und schlug erneut in die Luft.

«Ich les jetzt immer ... äh ... Killerkralle», erläuterte er dann unaufgefordert. «Das röhrt. Echt. Voll Action. Tchik-Tchik!»

Das war den anderen hinlänglich bekannt. Seit dem Sommer war Kuno beseelt von seinen literarischen Eindrücken. An jenem schicksalshaften Tag, als der Fremde zu Besuch kam, der womöglich sein Vater war, hatte es irgendwann aufgehört zu regnen. Irgendwann war der Taxifahrer ausgestiegen, um eine Zigarette zu rauchen, irgendwann kündeten Stimmen die Rückkehr der Fahrgäste an, und der Taxifahrer sagte zu ihm, dass Kuno jetzt leider aussteigen müsse. Kuno begriff das erst, als die beiden kleinen Mädchen, die vorausgelaufen waren, ihn durch das Beifahrerfenster neugierig anblickten. Der Taxifahrer schenkte ihm das Heft. Kuno sagte brav danke, aber er hätte es sowieso nicht mehr aus der Hand gegeben. Dann war er ausgestiegen und schnell davongelaufen.

Brakelmann rollte das Plakat wieder zusammen und holte das Manuskript seines Theaterstücks hervor.

«Killerkralle ... Tchik-Tchik! Nimm das!» Kuno drehte noch eine Runde in seinem Thema.

Brakelmann dagegen blickte unruhig auf. «Wo sind überhaupt Schönbiehl und seine Frau? Wir wollen jetzt mit der Probe anfangen! Muss doch mal losgehen hier!»

Kuno gesellte sich zu Brakelmann und Shorty und zog das Comicheft aus seiner Gesäßtasche.

«Brakelmann, das ist so ... Karate und so ... Der eine geht zum Beispiel die Wand so hoch, stößt sich ab, dreht sich in der Luft und tritt dem anderen voll auf die Zwölf.»

Brakelmann sah Kuno entgeistert an. Der steckte den Comic

wieder ein und deutete mit einer Kopfbewegung auf das Theaterstück in Brakelmanns Händen. «Wie ist das eigentlich mit deinem Stück, Brakelmann? Sind da auch so 'n paar ...», er schlug karatesk in die Luft, «Tchik-Tchik-Kampfszenen drin?»

Brakelmann war in mehrfacher Hinsicht erleichtert, als endlich Dr. Schönbiehl den Raum betrat. Allerdings nur für einen kurzen Moment.

«Ja, und wo is 'n deine Frau?», fragte er.

«Ingelore sagt, sie macht nicht mit», erklärte der Bürgermeister müde. «Sie hat das Gefühl, dass sie für die Rolle der Jungfrau Maria doch ein bisschen zu alt ist.»

«Und nu?», begehrte Brakelmann auf. «Wo soll ich denn jetzt 'ne Frau herkriegen?» Er hatte die Frage kaum ausgesprochen, als ihm schon die Antwort darauf einfiel. Und auch Adsche, der hinter dem Türspalt lauerte, war klar, welcher Triumph ihm unmittelbar bevorstand. Er schlich also vorsichtig zurück in den Schankraum und nahm wieder hinter seinem mittlerweile gänzlich schalen Bier Platz, gerade noch rechtzeitig, bevor Brakelmann hereinkam und sich zu ihm setzte. Die beiden blickten sich an. Mit einiger Mühe gelang es Brakelmann, ein leutseliges Lächeln in sein Gesicht zu zaubern.

«Na?», meinte er dann.

Adsche sah Brakelmann ausdruckslos an.

«Ich hab noch mal nachgedacht.»

«Ach?»

«Hast du ... vielleicht doch ... Lust?»

Brakelmann fürchtete bereits, er könne von seinem Dauergrinsen einen Bänderriss in der Gesichtsmuskulatur erleiden, da signalisierte Adsche endlich mit einem schiefen Lächeln sein Einverständnis. Die beiden schoben sich von ihren Hockern und begaben sich hinaus, um am Gebäude entlang zum Scheunentor zu gehen.

«Ich finde das gut, dass du auch mal einsiehst, dass du ’n Fehler gemacht hast», resümierte Adsche dabei.

«Und ich finde das gut, dass du nich so nachtragend bist», sagte Brakelmann und hoffte, das Thema könnte damit erledigt sein.

«Man kann über alles reden.» Adsche zeigte sich jovial.

«Muss man ja», stimmte Brakelmann zu. «Gerade in der Weihnachtszeit.»

«Versöhnung, nä?» Adsche brachte eines der zentralen Stichwörter der aktuell laufenden Adventszeit ins Gespräch.

«Das ist so furchtbar weihnachtlich.» Brakelmann hatte das Scheunentor einen Spalt geöffnet. Adsche drückte es gleich wieder zu.

«Hör zu, Brakelmann. Ich mach dir die Maria. Aber dafür will ich auch ’n büschen von der Marie!» Adsche rieb versiert Zeige- und Mittelfinger am Daumen. «100 Euro.»

Brakelmann genehmigte das mit einer diffusen Kopfbewegung, die er, wie er sich fest vornahm, später anders gemeint haben würde. Als sie nun die Scheune betraten, saß Dr. Schönbiehl vor der Bühne und studierte Brakelmanns Manuskript.

«Maria und Josef gehen kreuz und quer», las er. «Dann sagt Josef: Niemand gibt uns ein Zimmer, komm, wir schlafen im Heu.»

Der Bürgermeister blickte verstört auf.

«Ich weiß nicht, Brakelmann. Das ist alles so flach. Da fehlt mir das Erhabene.»

«Bidde?»

«Außerdem ist das Stück viel zu kurz: Das sind ja nur drei Seiten.»

«Wir können den Schamodder ja etwas langsamer spielen.» Brakelmann war zweifellos in einer kreativen Hochstimmung. «Dann kommt auch gleich schön besinnliche Stimmung auf.»

Kuno und Shorty hatten in ihrem Probenraum bis dahin noch einiges Gerümpel beiseitegeschafft, jetzt aber traten sie, zu allem entschlossen, zu den anderen.

«Was is denn jetzt?», meinte Kuno. «Wollen wir mal anfangen?»

Brakelmann wandte sich gelassen Dr. Schönbiehl zu.

«Also, du bist Balthasar. Du, Kuno, bist Caspar. Und Shorty ist Melchior.»

«Kann ich nich Melchior sein?», wandte Kuno ein. «Der Name klingt irgendwie gefährlicher.» Gleich darauf intonierte er gefährlich: «Mellllchiiiiooor!»

Brakelmanns künstlerischer Ehrgeiz kannte Grenzen, deshalb sagte er: «Meinetwegen.»

«Wer bin ich dann jetzt?», fragte Shorty. «Balthasar?»

«Das bin ich», beschied ihm der Bürgermeister.

«Du bist Caspar», antwortete Brakelmann. «Das kann doch nich so schwer sein.»

«Mein Name ist Melchior», raunte sich Kuno schon mal ein. «König … Mellllchiiiioooor …»

«Und Adsche spielt Maria», verkündete Brakelmann nun einen weiteren Höhepunkt in seinem Inszenierungskonzept.

«Also bitte», sagte Dr. Schönbiehl indigniert. «Ich hab hier einen Ruf zu verlieren.»

«Soll Kuno die Maria spielen?», hielt Brakelmann dagegen.

Kuno grinste. «Als Kampfkatze.»

Der Bürgermeister machte nur eine säuerliche Miene.

«Na also!», kommentierte Brakelmann voller Zuversicht. «Adsche kriegt 'n Kissen übern Bauch, Kleid an, Kopftuch, spricht mit hoher Stimme – merkt kein Schwein.»

«Außerdem», meldete sich endlich Adsche zu Wort. «Außerdem wollte Brakelmann was über mich sagen …»

Alles blickte zu Brakelmann, der zaghaft zustimmend nickte

und in protokollhaftem Ton erklärte: «Adsche ist 'n sehr guter Schauspieler. Das liegt ihm wirklich!»

Adsche nickte befriedigt. Dr. Schönbiehl dagegen war noch immer nicht überzeugt.

«Ich weiß nicht ... Das wird doch jetzt alles sehr übers Knie gebrochen ...»

«Weihnachten können wir ja nun mal nich verschieben!», hielt Brakelmann dagegen. «Also, los jetzt!»

Und damit begannen die Proben. Während Brakelmann die allergrößten Schwierigkeiten hatte, sich seinen Text einzuprägen, steigerte sich Adsche unter dem tief ins Gesicht gezogenen Kopftuch, das entfernt an ein Geschirrhandtuch aus Shortys Vorräten erinnerte, und mit dem unter die Jacke gestopften Federkissen unverkennbar hochschwanger, schnell in seine Rolle hinein.

«Ich bin schwanger», rief er ein ums andere Mal aus, während der von Brakelmann gegebene Josef von den Schwierigkeiten monologisierte, in Bethlehem zur Volkszählungszeit ein Quartier zu finden.

«Ich bin hoch... hoch... schwanger!»

«Adsche! Jetzt beruhig dich doch mal», fiel Brakelmann aus seiner Rolle.

Adsche blickte ergriffen auf. «Das ist ein unglaubliches Gefühl!»

Brakelmann sah fragend zum Bürgermeister, zu Kuno und Shorty, die vor der Bühne standen, Adsche ungläubig betrachteten und schließlich nur die Achseln zuckten. Adsche lehnte an Brakelmanns Schulter und veratmete offenbar Wehen. Brakelmann ließ ihn gewähren. Es war in diesem Moment für sie beide, vielleicht begünstigt durch die zarte Berührung, etwas spürbar, was sie sonst kaum wahrnahmen, nur ganz kurz, wie das Auftauchen eines Schwertwals irgendwo im Nordmeer.

Sie waren mehr als Freunde, mehr als Feinde. Sie waren Verbündete. Und ihr Bündnis hatte in diesem Jahr mehr als eine Belastungsprobe überstanden.

V
Ganz natürliche Schläge

Vollkommen ruhig und unschuldig lag der Dorfkrug im warmen Frühsommersonnenschein eines von Wolken unbefleckten Junitages. Brakelmanns Trecker stand still auf dem Vorplatz. Nichts rührte sich, bis auf das Gemeinschaftsmofa, das nun langsam, geradezu provozierend langsam umfiel. Im Dorfkrug bewegte sich auch nicht viel. Nur Shorty polierte die Gläser. Brakelmann und Adsche aber saßen statuenhaft am Tresen.

«Wenn ich so überlege», ließ Brakelmann nach einer langen Stille die anderen an seinen inneren Vorgängen teilhaben, «wie oft ich eigentlich bisher so über Geld nachgedacht hab. Rechne nur mal zehn Minuten am Tach ...»

Adsche sah aus dem Augenwinkel, dass Brakelmann auf einem Bierdeckel eine kleine Nebenrechnung eröffnete.

«Dann sind das im Monat dreihundert Minuten, das sind fünf Stunden.»

«Nich sechs?, meinte Adsche. «Ich hädde jetzt sechs gesacht.»

«Fünf, Adsche», beharrte Brakelmann. «Das sind im Jahr sechzig Stunden.»

«Richtich», erwiderte Adsche, der indes schon wieder an Zimmerspringbrunnen dachte.

«Das sind in zwanzig Jahren ...» Brakelmann blickte hinab zu seinen Notizen auf dem Bierdeckel. «1200.»

«Was jetzt?», fragte Adsche.

«Stunden», erklärte Brakelmann. «1200 Stunden denkst du in zwanzig Jahren über Geld nach.»

Adsche war tief ergriffen von dieser Nachricht.

«Gewaltich.»

«Und wenn du jetzt», fuhr Brakelmann, beseelt von seinen eigenen Überlegungen, fort, «wenn du jetzt pro Stunde nur fünf Euro rechnest. Dann hast du ’n Verdienstausfall von 6000 Euro durch Nachdenken über Geld.»

Adsche suchte nach diesen verwirrenden Zahlenspielen Halt am Bier.

«Und wer ersetzt dir das?», fragte Brakelmann in anklagendem Ton, um sogleich selbst festzustellen: «Niemand!»

«Und wer ersetzt mir den Bierdeckel?», schaltete sich Shorty ein und hielt den vollgeschmierten Bierdeckel hoch. «Wenn ich deine Deckel zusammenrechne ...» Shorty griff, wie es Brakelmann schien, jetzt etwas zu melodramatisch unter den Tresen und zog einen Stapel Bierdeckel hervor, auf denen die Schulden der beiden Bauern mit Strichen markiert waren. «... und die von Adsche obendrauf, und dann mal zwölf und dann mal zwanzig Jahre rechne, da komm ich auf Bierdeckelkosten von ...»

Brakelmann und Adsche guckten Shorty total gespannt an.

«350 Euro.»

«Auch ’ne Menge Geld», befand Brakelmann.

«Allerhand», stimmte Adsche verträumt zu.

«Und wer ersetzt mir das?», fragte Shorty.

«Niemand», prophezeite Brakelmann.

Shorty nahm mit resignierter Miene den mit Brakelmanns Berechnungen bekritzelten Bierdeckel und warf ihn weg, als der Postbote mit einem nachlässig hingehauchten «Moin» hereinwehte, an den Tresen trat und Shorty einige Schreiben aushändigte. «Was Wichtiges dabei?», wollte Shorty wissen.

«Nö», erwiderte der Postbote, zu dessen Aufgaben es gehörte, die Post vor Auslieferung zu öffnen und Kenntnis von allen Inhalten zu nehmen, um die an Neuigkeiten nicht gewöhnten Einwohner gegebenenfalls schonend vorzubereiten. Der Postbote kam dieser Aufgabe nach mit der Routine eines erfahrenen Handwerkers, mit der er auch sein übriges Tagwerk vollbrachte. Er hatte eigentlich mal davon geträumt, Gitarrist in einer Folkrockband zu werden. Stattdessen lebte er mit seiner Schwester und ihren sieben Katzen in einer Zweizimmerwohnung in Drögenfeld. Das Leben hatte ihn in gewisser Weise ernüchtert. Nun blickte er zu Brakelmann. «Ach, für dich hab ich ja auch was ...»

Der Postbote suchte in dem vorsortierten Stapel von Briefen, den er in der Hand trug.

«Für mich is wieder nichts dabei, was?», fragte Adsche.

Der Postbote bestätigte das. Adsche überraschte das nicht. Er hatte mal einen Brief von seiner Tante aus Amerika bekommen. Er konnte sich noch genau daran erinnern, wie das dünne Luftpostpapier in seinen Händen geknistert hatte. Ansonsten aber war er wie abgeschnitten vom weltweiten Kommunikationsgetriebe. Wie oft bedauerte Adsche daher, dass sein Telefonanschluss vor einigen Jahren abgebrannt war und er infolgedessen nicht einmal mehr eine Telefonrechnung erhielt. Das Entgelt für seinen Stromverbrauch musste er direkt beim Ablesen des Zählers an einen Mitarbeiter des Versorgungsunternehmens entrichten – eine Regelung, die in engem Zusammenhang mit Adsches stets angespannter Finanzlage stand. Seine Träume von einer ihm persönlich zugestellten Stromrechnung blieben daher ebenso unerfüllt wie die von postalisch vertriebenen Bußgeldbescheiden, da er so dermaßen untermotorisiert war, dass ihm eine Geschwindigkeitsüberschreitung beim besten Willen nicht gelingen konnte. Sie wäre in seinem Streckennetz ohnehin von niemandem zur Kenntnis genommen worden. Und schließlich rechnete ihn offenbar auch niemand zu dem Kreis derer, die gern Sonderangeboten und Schnäppchenpreisen nachjagen. Nicht einmal der Segen von Reklamesendungen wurde ihm somit zuteil.

Adsche hatte folglich den zerbeulten Briefkasten an der Grundstücksgrenze eines Tages heruntergebrochen und in der Dulder Au versenkt. Niemand hatte sich danach je darüber beklagt. Umso lieber sprach Adsche deshalb in weltläufigem Ton von seiner Lektüre des *Landboten*, so als werde ihm, wie jedem anderen im Landkreis, das Blatt geliefert. In Wahrheit nahm er sich das Exemplar von seiner Nachbarin Irmgard Pöttersen, die bekanntermaßen kaum mal aus dem Bett und zu ihrem Briefkasten gelangte. Es war für Adsche die vielleicht äußerste Demütigung. Aber er machte sich nichts draus. Manchmal steckte er auch ihre Telefonrechnung ein.

Der Postbote hatte unterdessen den fraglichen Brief gefunden und reichte Brakelmann das Schreiben.

«Was ist das?», fragte Brakelmann.

«Da ist 'n Scheck drin von der Versicherung. Dreihundert und irgendwas ... Tschüs allerseits ...»

Der Postbote nutzte die allgemeine Erregung, die sein Auftritt ausgelöst hatte, um Brakelmanns Korn an die Lippen zu führen, auszutrinken und sich zu verabschieden.

Brakelmann war nur kurz davon abgelenkt, dann öffnete er den provisorisch wieder verschlossenen Brief. Adsche sah ihm aufgeregt über die Schulter.

«Und?», fragte er.

Brakelmann betrachtete das Anschreiben und den beigefügten Scheck. «Is 'n Scheck drin von der Versicherung. Dreihundert und irgendwas ...»

Adsche erkannte deutlich, dass der Zahlungsempfänger als «Brakelmann, Kurt» bezeichnet war, dass die Summe 300 Euro und 68 Cent betrug. Es begann sofort in ihm zu arbeiten, während diese Informationen noch in ihn einsickerten. Brakelmann steckte den Scheck ein und wandte sich, ganz so, als wäre es für ihn eine alltägliche Verrichtung, Schecks über 300 Euro und 68 Cent in seine Jackentasche zu stopfen, an Shorty.

«Sach mal, Shorty, ich wollte mal fragen: Hast du eigentlich 'ne Schallpladde?»

«Die hab ich alle auf'm Dachboden eingelagert», antwortete der Wirt, ohne von den frischgezapften Bieren aufzublicken, die er gerade auf ein Tablett stellte. «Hat doch kein Mensch mehr einen Plattenspieler.»

«Ich ja», meinte Brakelmann. «Ich hab meinen kürzlich gerade mal wieder aus meinem Sortimeng geholt. Aber ich weiß nich, ob der noch funktioniert. Und meine Schallpladde is ja wohl kaputt. Und da wollte ich fragen, ob du mir eine leihen kannst, dass ich die mal ausprobieren kann auf meinem Pladdenspieler.»

Adsche musterte Brakelmann nicht ohne Bewunderung. Er selbst wäre, das musste er sich insgeheim eingestehen, nicht imstande, mit einem Scheck über 300 Euro und 68 Cent in der Tasche solch eine Ansprache zu halten. Adsche war tief beeindruckt und wurde daher gar nicht gewahr, dass Brakelmann, nachdem ihm von Shorty die unverbindlich hingeknauserte Zusage zur Schallplattenleihgabe erteilt worden war, den Schankraum verlassen hatte. Doch als es ihm schließlich bewusst wurde, stiefelte Adsche recht rasch hinter ihm her, folgte ihm nach draußen, denn auch er hatte etwas zu klären.

Brakelmann saß bereits startklar auf seinem Trecker, als Adsche mit seinem Mofa zu ihm trat.

«Dreihundert?», fragte er. «Für was?»

«Für mich», antwortete Brakelmann.

«Ich meine ...», präzisierte Adsche. «Warum?»

«Ja, wegen dem Schlach ... Vor 'n paar Wochen. Da hadde Kuno mir, als ich Kavalier zurückbringen musste und den

Kanister abholen wollte, aus Versehen mit der Dachladde ...» Brakelmann deutete an, wie die Dachlatte auf ihn zugekommen war, wie er noch auszuweichen versucht hatte, wie es ihn doch erwischte. Und das alles mit einer für einen Außenstehenden kaum wahrnehmbaren Kopfbewegung.

«Watt?», fragte Adsche dann folgerichtig.

«Einen mitgegeben.» Brakelmann deutete auf seine Augenbraue. «Hier, da hadde ich doch 'ne Schnittwunde. Und ich war auch benommen. Hadde ich dir doch lang und breit erzählt!»

«Ja, und?»

«Dann bin ich zu Dr. Duttelmann nach Klockenstedt und hab mir 'n Attest geholt und das an Kunos Versicherung geschickt. Ja, und jetzt ...» Brakelmann ließ seine Erzählung ausklingen. Adsche begann zu begreifen.

«Dreihundert und irgendwas», sagte Brakelmann.

«Schön», meinte Adsche.

«Tschüs», meinte Brakelmann und zog den Choke, um seinen Trecker zu starten.

Und so trennten sich die Wege der beiden Bauern für ein paar Stunden. Dann aber trafen sie sich zum Absacker im Dorfkrug wieder, nahmen danach noch einen Schlummertrunk in Brakelmanns Küche, verabschiedeten sich erneut voneinander, kamen am nächsten Morgen wieder im Ambiente zusammen, um gemeinsam zum Dorfkrug zu gehen, machten Mittagspause, tranken dies, tranken das, tranken in der Hauptsache Bier und Köm, philosophierten über die Weltraumforschung, über die Krise in der Landwirtschaft, über die charakterlichen Mängel von Bürgermeister Schönbiehl und erneut über die Weltraumforschung. Zehn Tage waren so dahingegangen, als Brakelmann endlich eine von Shortys Langspielplatten nach Hause trug, um seinen Plattenspieler auszuprobieren.

Er setzte sich an den Küchentisch, nahm die Schallplatte aus der Schutzhülle, legte sie auf, führte den Tonarm aus der Halterung heraus und ein Stück weit zurück, doch der erwünschte Effekt, die Rotation des Plattentellers, blieb aus. Brakelmann wiederholte das Manöver, bewegte den Tonarm bald in alle Richtungen, drückte aufs Vinyl – vergeblich. Alles, was dabei herauskam, war, dass sich ihm der Titel der Schallplatte, auf die er wohl eine halbe Stunde gestarrt hatte, einprägte: «Spanish Eyes» von Al Martino. Der Plattenteller machte keinen Mucks.

«Das ist wieder so typisch», meinte Brakelmann still. «Altes Schietding!»

Brakelmann wendete den Blick enttäuscht zur Tür, da sah er Adsche soeben eintreten.

«Na?», sagte Brakelmann.

«Na?», sagte Adsche.

«Köm?», fragte Brakelmann.

«Ja, gut», erwiderte Adsche. Er mochte einfach nicht nein sagen. Seit Jahren ging das nun so.

«Kühlschrank.» Brakelmann drehte noch einmal am Plattenteller, schon verlassen von Ehrgeiz und Hoffnung.

Adsche trat zum Kühlschrank, holte eine Flasche Köm raus, deutet auf eines der beiden Gläser, die auf dem Küchentisch standen.

«Ist das noch meins von gestern?»

Brakelmann nickte melancholisch. Adsche setzte sich hinzu, schenkte ein und sah dabei zum Plattenspieler.

«Willst du Musik machen, Brakelmann?»

«Ich hab hier ’ne Schallpladde», erwiderte Brakelmann. «Aber das Ding läuft nicht mehr. Die bauen so was auch nur noch so, dass das von zwölf bis Middach hält.»

Brakelmann und Adsche prosteten einander stumm zu und tranken ihren Köm.

«Du, sach mal, ich hab mal so sinniert ...», meinte Adsche dann. «Du hast letzte Woche erzählt von der Erstaddung ...»

Brakelmann blickte auf die Schallplatte, auf deren Papieretikett immer noch stand: «Spanisch Eyes Al Martino».

«Und ich hab das jetzt alles mal ... durchdacht. Und da is mir 'ne Idee beigekommen ...»

Brakelmann hob nun doch den Blick und sah Adsche aufmerksam an.

«Ich glaub, ich weiß schon.»

«Dreihundert und irgendwas.»

«Adsche!»

«Für 'n Schlach mit der Dachladde.»

«Immer wenn ich was hab, willst du das auch!»

«Ich hab eine mitgebracht ...»

Brakelmann musterte eingehend Adsche. Die Bitte des alten Freundfeindes bot, wie es ihm schien, durchaus interessante Perspektiven und Möglichkeiten. Er sank, nachgiebiger gestimmt, in sich zusammen und sagte schließlich: «Aber nich hier drinne.»

Die beiden blickten sich jetzt lässig und zu allem entschlossen an. Dann erhoben sie sich und gingen schweigend aus der Bauernküche durch die Remise, vorbei an der in nur einer Angel hängenden Stalltür ins Freie. Die Dachlatte lehnte an der Stallwand. Brakelmann nahm sie an sich, und so schritten die beiden weiter durch freilaufendes Geflügel auf die Wiese zu, die ihnen genug Aktionsradius für ihr Vorhaben bieten würde.

«Nur so 'n leichten Schlach», sagte Adsche.

«Für 'n leichten Schlach gibt's keine dreihundert und irgendwas», hielt Brakelmann ungerührt dagegen. «Ich hab richtich geblutet, Adsche.»

«Gut», gab Adsche nach. «Aber nich so doll ...»

«Ja, Dr. Duttelmann, der muss schon noch was erkennen an deinem Kopp.»

Adsche überkam ein leichtes Unwohlsein, und er bedauerte in diesem Moment sehr, dass nicht allein für Leichtes-Unwohlsein-im-Angesicht-eines-zu-erwartenden-Schlags-mit-einer-Dachladde bereits eine Erstattung fällig wurde. Er war auf der Wiese hinter Brakelmanns Bauernhaus stehen geblieben, sammelte sich kurz und sagte dann: «Also gut.»

«Fertich?», fragte Brakelmann, der sich mit der Dachlatte in den Händen vor ihm aufgebaut hatte. Adsche nickte schicksalsergeben, und ohne lange zu zögern, holte Brakelmann aus und schlug zu. Im letzten Moment tauchte Adsche ab und entging so dem fürchterlichen «Schlach».

«Das muss aber wie 'n Unfall aussehen», gab Adsche zu Bedenken.

«Ja, wie?»

«Irgendwie ... ganz natürlich.»

Brakelmann blickte Adsche verständnislos an, sodass der präzisieren musste:

«Du gehst da mit der Dachladde längs. Und dann drehst du dich so um, ganz unglücklich, und ich steh dahinter, und dann – bum.»

Brakelmann zuckte leidenschaftslos mit den Achseln. «Bidde ...» Er schulterte die Dachlatte, ging ein paar Schritte, drehte sich dann ansatzlos um und traf den jetzt tatsächlich überraschten Adsche am linken Backenknochen mit einer solchen Wucht, dass dieser zu Boden sank. Brakelmann trat zu ihm.

«Also, ich finde, das war jetzt sehr natürlich», sagte er, während Adsche nur wie ein in Geburtswehen liegender Steinmarder stöhnte. «Aber man kann gar nix sehen.»

Adsche schrak auf. «Nee?»

«Aber das kann auch an deinem Gesicht liegen», bemerkte Brakelmann. «Das sieht eigentlich immer so aus, als wäre da gerade jemand mit der Dachladde drin zugange gewesen.»

Adsche hatte noch nie Schmerzensgeld dafür kassiert, dass er mit seinem Gesicht, so wie es nun mal war, herumlief. Es blieb ihm also nichts anderes übrig, als sich aufzurappeln und Brakelmann nachbessern zu lassen. «Noch mal.»

Brakelmann hatte unterdessen die Lust verlassen. «Adsche ...», meinte er müde.

Aber Adsche setzte nach: «Ganz natürlich», und nickte aufmunternd.

Mit einem achtlosen Achselzucken wandte sich Brakelmann schließlich um. «Bidde ...»

Adsche beobachtete nicht ohne eine gewisse Anspannung, wie Brakelmann erneut mit der Dachlatte auf der Schulter auf seine alte Position zurückkehrte. Jeden Moment mochte er sich zu ihm umdrehen und dabei den furchtbaren Rundschlag ausführen. Doch er drehte sich nicht um. Brakelmann bückte sich stattdessen unvermutet, sodass das leicht nach hinten abfallende geschulterte Holz nach oben schwang – und Adsche überraschend von unten am Kinn traf. Er sank im selben Moment abermals zu Boden. Brakelmann indes fummelte im Gras herum und hatte, als er sich wieder aufrichtete, einen Keilriemen in der Hand.

«Mensch, Adsche», rief er freudig aus. «Ich glaub, das Ding gehört zu meinem Pladdenspieler!»

Er ließ die Dachlatte fallen, betrachtete einen Moment verzückt den Gummiring und bestätigte: «Ja, klar! Das is der Keilriemen von meinem Pladdenspieler!» Danach erst wandte er sich Adsche zu. Und nach eingehender Musterung von dessen Verletzung befand er: «Mmh ... das müsste reichen.»

Tatsächlich konnte Adsche nun eine alles in allem zufriedenstellende Platzwunde am Kinn vorweisen. Die beiden Bauern ließen die Dachlatte zurück, machten in der Bauernküche kurz Halt, um zur inneren Wundheilung einen Köm zu trinken, und bestiegen dann Brakelmanns Trecker. Die aufschreienden Hühner vor sich hertreibend, fuhren sie vom Hof, um so schnell wie möglich Dr. Duttelmann in Klockenstedt das Ergebnis ihrer Bemühungen vorzuführen.

Die Wunde wummerte, und Adsche hoffte inständig, dass sie sich nicht am Ende schließen würde, bevor der Mediziner ein dramatisches Attest für die Versicherung ausgestellt hätte. Brakelmann hingegen hoffte nur, dass er sich mit einer Forderung nach einem Anteil von zehn Prozent am zu erwartenden Schmerzensgeld durchsetzen würde, und verurteilte sich für seine Gutmütigkeit, weil er Adsche ohne lange Preisabsprachen gleich einen mit der Dachladde mitgegeben hatte.

So rumpelten sie auf dicken Reifen vom Feldweg in die Landstraße ein, beide tief in ihrem inneren geistigen Weltall umherschwebend. Bürgermeister Dr. Schönbiehl, der an ihnen, aus Barsinghausen kommend, mit seinem Dienstwagen vorbeifuhr, bemerkten sie gar nicht.

«I've Got The World On A String», sang Bing Crosby aus dem Auto-Hi-Fi, und Dr. Schönbiehl trommelte dazu selbstvergessen lächelnd auf dem Lenkrad herum. Es gab Tage, da musste er sich bei aller Bescheidenheit zu den Glückskindern rechnen. Heute war so ein Tag. Er strotzte vor Gesundheit und Zuversicht. Er glaubte, seine eigene geistige Frische wie einen mentholgeladenen Luftzug durch sein Oberstübchen wehen zu spüren. Er war stolz auf seine Weitsicht, auf seine Erfahrung, die ihn heute wieder einmal so sehr ausgezeichnet hatten.

Seit mehr als fünfzig Jahren war er Mitglied seiner Partei. Wie oft hatte er sich in all den Jahren unterbewertet gefühlt als Bürgermeister eines Hundert-Seelen-Dorfes irgendwo im Funkloch. Heute aber hatte er wieder Instinkt bewiesen und soziale Geschmeidigkeit, als er seinen stellvertretenden Landesvorsitzenden zufällig in der Geschäftsstelle des Kreisverbands im benachbarten Klingsiehl traf. Man hatte zunächst allerlei Schwachsinnigkeiten tiriliert. Aber dann hatte Dr. Horkheimer die Gelegenheit genutzt, Dr. Schönbiehl einen längst fälligen Triumph in Aussicht zu stellen. Und nun glühte das Herz des Lokalpolitikers. Natürlich hatte er Jahrzehnte auf einem nahezu entwürdigenden Niveau gearbeitet, umgeben von all den Brakelmanns und Adsches und Kunos seines kulturell unterentwickelten Heimatdorfes. Aber der Ehrgeiz, sich über diese Banalitäten zu erheben, hatte ihn nie verlassen. Mehr als fünfzig Jahre lang. Und jetzt endlich hatte Dr. Horkheimer einen wonnevollen Wendepunkt in des Bürgermeisters Laufbahn angedeutet. Dr. Schönbiehl sang mit Bing Crosby davon, auf einem Regenbogen zu sitzen und die ganze Welt am Band zu haben. Oft genug hatte er von diesem Moment geträumt.

Mit seiner angetrauten Ingelore bewohnte Dr. Schönbiehl eine perfekt restaurierte und im englischen Landhausstil möblierte Gründerzeitvilla. Sein Wohlstand aus Erbschaften, Zinsen und den üblichen Einnahmen eines Notars und Lokalpolitikers hatte alle Finanzkrisen unbeschadet überstanden. Zustatten kam ihm darüber hinaus, dass seine liebe Frau nicht nur ein Sparfuchs war, die ihre Vorratskäufe auf der Basis von Sonderangeboten vornahm. Sie war auch eine sehr rührige Geschäftsfrau, verkaufte Getöpfertes aus der eigenen Werkstatt, war als Imkerin erfolgreich und eine gewinnorientierte Bridgespielerin. Ingelore, mittlerweile achtzig Jahre alt, finanzierte sich selbst.

Hinter der Schönbiehlschen Villa erstreckte sich ein schlichter Garten mit einigen wenigen Blumenbeeten und einem stets fein gemähten, von Buchsbäumen umgebenen Rasen. An der Grundstücksgrenze, hinter der die Rapsfelder in weiten gelben Wellen davonflossen, standen die Magazinbeuten. Hier summten Ingelores Bienenvölker und fertigten den weit über den Landkreis bekannten «Schönbiehl Honig». Ingelore stellte gerade eine frisch ausgeschleuderte Wabe zurück in eines der Magazine, als ihr Gatte auf sie zueilte.

«Liebes!», rief er von weitem. «Liebes!»

Ingelore wandte sich ihm zu, das heißt, Dr. Schönbiehl musste mutmaßen, dass es sich um seine Frau handelte, denn in ihrer Imkerkombination war sie kaum zu erkennen. Das Gesicht hinter einem Wulstkragen und einem dunklen Schleier verborgen, der an dem breitkrempigen Imkerhut befestigt war, die Figur unkenntlich im weiträumigen Ganzkörperanzug, sah sie aus wie ein Astronaut.

«Ich habe Dr. Horkheimer getroffen, Liebes. In der Geschäftsstelle vom Kreisverband. In Barsinghausen. Er holte gerade einen Tapeziertisch ab, den wir immer für Infostände einsetzen. Aber er braucht ihn, weil er am Wochenende den Besuch einer Delegation kurdischer Leiharbeiter erwartet.»

«Waldemar ...», erhob Ingelore nun ihre ruhige, stets etwas mahnende Stimme.

«Die sollen ihm den ausgebauten Dachstuhl durchtapezieren und das Gästehaus.»

«Waldemar, wir müssen allmählich über unseren Urlaub reden.»

«Horkheimer hat angedeutet, dass Klingenberg Probleme mit Günter Griem hat. Wegen der Regionalbahn-Anbindung. Mit finanziellem Druck kann er ihm aber nicht kommen, die Kassen sind leer. Deshalb denkt er über eine Auszeichnung nach, die an Klingsiehl vorbei uns hier in Büttenwarder – also:

mir! – zuteil werden könnte. So könnte Klingenberg Griem ausspielen. Und da ist wohl auch schon was in Arbeit. Und zwar an höchster Stelle. Ich sage nur: Innenministerium!»

Ingelore versuchte sich offenbar mit ihren dicken Handschuhen am ausgebufften Schulterteil ihres Astronautenanzugs zu kratzen.

«Dr. Horkheimer», wiederholte Dr. Schönbiehl, weil er das Gefühl hatte, dass wichtige Teile seiner Nachricht nicht zu seiner Frau durchgedrungen waren. «Auszeichnung!»

Sie schien ihn nur anzusehen. Genau konnte er aber auch das nicht sagen.

«Ich!», fügte er hinzu.

«Du hast ja wahrscheinlich immer noch nichts für uns gebucht», antwortete sie.

«Dr. Horkheimer hat einen Vorwand gefunden, mich an Günter Griem vorbei in das Kompetenzteam Innere Sicherheit einzuberufen, und damit wäre die Einladung zu einer politischen Grundsatzrede auf dem Sonderparteitag verbunden, auf die Griem so scharf ist.»

Dr. Schönbiehl sah Ingelore beziehungsweise den schwarzen Schleier unter der breiten Hutkrempe mit einem strahlenden Lächeln an. Ingelore machte keinen Mucks.

«Was hältst du von der Provence?», fragte Dr. Schönbiehl schließlich.

«Gut», sagte sie und wandte sich wieder ihren Bienen zu.

Dr. Schönbiehl lächelte zufrieden. Er hatte wieder einmal alles richtig gemacht.

VI
Scheppern und Klirren

Einige Tage waren vergangen. Vieles hatte sich nicht verändert. Vor dem Dorfkrug lehnte im hellen Frühsommersonnenschein das Gemeinschaftsmofa geradezu traut an der Flanke von Brakelmanns Trecker. Eine Bäuerin trieb eine Sau über den Vorplatz. Der Postbote fuhr vor, stieg von seinem Rad, nahm ein paar Briefe aus der Posttasche, setzte sich draußen an einen Biertisch und öffnete routiniert die Kuverts. Mit seiner berufsbedingten Auffassungsgabe hatte er die neuen Informationen bald verarbeitet.

Im Dorfkrug sprach Dr. Schönbiehl, ein frischgezapftes Pils in der Hand, in seiner Eigenschaft als Bürgermeister vor der versammelten Trinkerschar über Ehrlichkeit und Gesetzestreue, über das Ringen um den gesellschaftlichen Zusammenhalt durch Respekt vor den Rechten der Mitmenschen.

Niemand hörte ihm zu.

«Und deshalb», fuhr Dr. Schönbiehl fort, «hab ich gesagt, ist es für mich als Bürgermeister dieses wunderbaren Gemeinwesens überhaupt keine Überraschung, dass uns der Innenminister mit dieser besonderen Ehrung auszeichnen möchte.»

Auch Shorty, der hinter dem Tresen stand und Gläser spülte, war mit seinen Gedanken weit, weit fort gewesen. Wie so oft kreisten sie um Körperempfindungen, die er als besorgniserregend einstufte. Sein ganzer Körper war für Shorty Tummelplatz von Befürchtungen. Zuletzt hatte er in den Nachrichten vom afrikanischen Juckfieber gehört. Es hatte nicht lange gedauert, bis er zu der Überzeugung gelangt war, dass er der erste Mensch sein könnte, der von dieser eigentlich nur Antilopen vorbehaltenen Krankheit befallen sein könnte. Es juckte ihn schon überall. Darum nahm er erst mit Verzögerung Bezug auf die letzte Äußerung Dr. Schönbiehls, die er vor gefühlten zwanzig Minuten im Unterbewusstsein registriert hatte, und sagte: «Seit fünfzehn Jahren keine einzige Straftat in Büttenwarder!»

«Damit liegen wir einsam an der Spitze», triumphierte Dr. Schönbiehl, ohne sich darüber zu wundern, dass Shorty nicht direkt die Ehrung angesprochen hatte. Zu sehr war er von seinen eigenen Gedanken berauscht.

Brakelmann, der mit Adsche bei Lütt un Lütt am Tresen saß, wandte sich um. «Und was genau gibt's jetzt dafür?»

Dr. Schönbiehl blickte ihn feierlich an: «Anerkennung, Brakelmann. Mehr wollen wir für unsere Ehrlichkeit auch gar nicht haben. Denn genau genommen ist Gesetzestreue für uns alle hier doch eine Selbstverständlichkeit.»

Brakelmann schenkte dem Bürgermeister ein liebreizendes Lächeln, der ignorierte ihn jedoch, um sich nun volksnah an einem der hinteren Tische der dort versammelten Bauernschaft zu zeigen. Brakelmann, davon völlig ungerührt, musterte Adsches verschorfte Wunde am Kinn.

«Is ganz gut verheilt», meinte er.

Adsche machte eine vielsagende Miene. «Kann schon bald wieder das nächste Unglück kommen …»

«Watt?»

«Na, ja», schalmeite Adsche. «So 'n Missgeschick mit der Dachladde, wenn man da anfällich für is …»

Brakelmann blickte fragend auf, als der Postbote den Schankraum betrat und unter allerlei «Moin, Moin»-Bekundungen Shorty ein Bündel Briefe über den Tresen reichte.

«Na?», fragte Shorty vorab besorgt.

Doch der Postbote konnte ihn beruhigen. «Das Übliche.»

Shorty lächelte erleichtert. Brakelmann wandte sich indes deutlich aufgeschlossener dem Informationsvermittler zu. «Und für mich?»

«Nee, nichts», erwiderte der Postbote, während er zwei Umschläge hochhielt. «Aber für Adsche.»

Adsche straffte sich. Diesen Moment hatte er lange herbeigesehnt. Wenn er allein an die Mühe dachte, die sich da jemand gemacht hatte, etwas für ihn, an ihn, ihn betreffend zu schreiben, seinen Namen – Buchstabe für Buchstabe – genau aufs Papier zu setzen, alles passend zusammenzufalten und zu verkleben und eine hübsche Briefmarke für ihn auszusuchen, dann durchlief ihn schon ein wohliger Schauer, der allerdings auch mit einem kalten Strahl durchmischt war, dem kalten Strahl der Anspannung wegen der kurz bevorstehenden Informationen. Und deshalb fragte er recht bang: «Und?»

«Einmal 'n Scheck, vierhundert und irgendwas», erläuterte der Postbote.

«Vierhundert?», schreckte Brakelmann auf.

«Und das andere ist die Schadensmeldung wegen der Sache mit Karl. Tschüs.»

Alles ging jetzt sehr schnell: Der Postbote reichte Adsche die Briefe, nutzte die Aufgeregtheit, Abgelenktheit, ja, kurzfristige Gesamtlähmung des Bauern, griff nach dessen Köm und trank ihn brutal weg. Er war gerade unter allerlei «Tschüs» und «Tschüsing» aus dem Schankraum geeilt, als sich Brakelmann auch schon mit bebender Stimme wiederum Adsche widmete.

«Wieso vierhundert?» Brakelmann hatte ein ausgezeichnetes Zahlengedächtnis, wenn es darauf ankam. Und in diesem Fall erinnerte er sich recht gut, dass seine Kopfverletzung weniger Euro lockergemacht hatte.

Adsche lächelte bescheiden. «Tja, Brakelmann, mein Kopp hat wohl doch mehr Nennwert als deiner!»

«Und was für ’ne Sache mit Bauer Karl?»

Adsche blickte auf. «Na, Karl, der wollte auch mal … Dachladde …»

«Du hast ihm einen über ’n Dassel gezogen?» Brakelmann kochte vor Erregung.

Adsche senkte die Stimme voll stillem Mitgefühl. «Er hadde so nett gefracht. Da konnt ich nich nein sagen.»

Brakelmann vermochte seinen rasant aufstrebenden Zorn nur mühsam zu beherrschen. «Adsche!»

Aber Adsche hatte sich bereits nach hinten vom Barhocker gedrückt und latschte nun wieder recht breitbeinig hinaus. Brakelmann atmete so tief durch, dass er das Gefühl hatte, sogar in den Gehörgängen steigenden Luftdruck zu verspüren. Dann folgte er ihm.

Adsche hatte das Mofa gerade erst fertig zur Weiterreise angepackt, als Brakelmann, schneller als der Wind, vor ihm am Trecker lehnte und ihn mit vorwurfsvoller Miene musterte.

«Ja, was?», fragte Adsche, im sicheren Gefühl, seinem Kontrahenten einige Euros voraus zu sein.

«Und wie viel kriegst du?», fragte Brakelmann. «Von Karl? Für die Dachladde?»

Adsche blickte nur unschuldig auf.

«Du machst das doch nicht für nix, sondern für … was?»

«Wieso? Nur weil du zehn Prozent von meinem Schmerzensgeld kassierst, muss ich ja nicht genauso sein wie du.»

Brakelmann blickte Adsche durchdringend an, der unter der Last der Befragung schnell weich wurde.

«Zehn Euro.»

Fast erleichtert sah Adsche, dass in diesem Moment Kuno auf seinem alten, klapprigen Fahrrad heranfuhr. Er trug eine sehr exaltierte Sonnenbrille und bediente freudig eine mehrstimmige Fahrradhupe.

«Moin», rief er, als er vor den beiden Bauern vom Rad stieg. «Wie findet ihr meine neue Brille?»

Brakelmann und Adsche konnten das beim besten Willen nicht sagen.

«Hab ich mir gerade gekauft», fuhr Kuno fort. «Und die Hupe auch. Das röhrt! Ja … Bargeld lacht.» Kuno blickte mit einem gewieften Grinsen zu Brakelmann, der die Ausführungen des Stallknechts mit gönnerhafter Miene quittierte. Um seine Bemerkung zu illustrieren, nahm Kuno seine Mütze ab und zeigte ein Pflaster, das er auf dem glatten, kahlen Schädel trug. Adsche ahnte sofort die tieferen Zusammenhänge.

«Sach ma», begann er und blickte von Kuno zu Brakelmann. «Habt ihr …?»

«Und irgendwann reicht das auch für 'n neues Fahrrad. Gibt so eines von ‹Killerkralle›, was, Brakelmann?» Kuno fühlte schon mal vor, um sogleich vom nächsten Gedanken durchzuckt zu werden. «Du, Adsche», meinte er. «Heinz-Hinrich hat mir gesacht, dass du ihm auch mal mit der Dachladde … Da wollte ich fragen: Wie viel nimmst du so?»

Adsches Empörung war im Nu verdrängt: «Zehn Euro.»

Brakelmann schwankte, wen von den beiden er als Erstes zur Ordnung rufen sollte, und entschied sich für Kuno. «Einen Moment mal, du bist mein Kunde!», herrschte er ihn an.

«Ich muss das durchrechnen, Brakelmann. Geht ja schließlich um Geld!»

Hinter ihnen verließ nun Dr. Schönbiehl den Dorfkrug und strebte seinem Pkw zu. Brakelmann kämpfte indes weiter um seine Marktanteile.

«Aber ich mach das richtig», meinte er zu Kuno und deutete auf Adsche. «Und er macht das nur nach!»

«Aber ich bin billiger. Und ich hab mehr Erfahrung.» Adsche hatte seine Wettbewerbsvorteile griffig formuliert.

Brakelmann wirkte angezählt.
«Wieso? Wie vielen hast du denn schon die Dachladde ...?»
Mit den Vorbereitungen für den Einstieg in die Dienstlimousine beschäftigt, hielt Dr. Schönbiehl noch einmal inne, wandte sich den anderen zu und rief munter:
«Tschüs, ihr Lieben! Und schön sauber bleiben! Büttenwarder: die Hochburg der Gesetzestreuen!»
«Ja, na klar», drömelte es von Brakelmann, Adsche und Kuno zurück, die vor dem Bürgermeister beflissen salutierten, bevor sie, kaum dass der seinen Wagen gestartet hatte, zu ihrem Ausgangsthema zurückkehrten.
Brakelmann wandte sich sehr energisch Adsche zu. «Wenn du nicht sofort aufhörst, mir meine Idee ... Dann zeig ich dich an! Dann bring ich deine Machenschaften ans Tageslicht! Dann fliegen wir alle auf und kriegen nie den verdienten Lohn für unsere Anständigkeit!»
Es war wohl besonders diese letzte Äußerung, die allen sehr zu denken gab, allen, außer Brakelmann selbst natürlich. Der hatte, schon als er mit seinem Trecker vom Vorplatz des Dorfkrugs in die Dorfstraße einbog, nur daran gedacht, dass er Ecki noch mit der Dachladde zu Diensten sein musste – sie waren so zwischen Frühschoppen und Middachspause verabredet. Und dann musste Heinzi unbedingt die Schadensmeldung wegen der Dachladden-Sache mit Werner unterschreiben. Brakelmann brummte, auch wenn er selbst bereits seit längerem keinen mehr mit der Dachladde verpasst bekommen hatte, ganz schön der Schädel.
Kuno hingegen, der seine Schritte jetzt in den Dorfkrug lenkte, machte Brakelmanns Ansprache sehr zu schaffen. Sollte es etwa, so brummkreiselte es seinerseits durch den frischbepflasterten Kopf, sollte es etwa tatsächlich einen Lohn für Anständigkeit geben? Er hatte das so schnell nicht

verstanden. Und wenn ja: Könnte er die vergangenen vierzig Jahre, in denen er vor Anständigkeit nur so – wie soll man sagen: strotzte, vielleicht nachberechnen? Kuno war reichlich benommen von dieser Vorstellung und brauchte dringend Lütt un Lütt, um wieder auf den nackten Boden der Tatsachen zu landen.

Am stärksten beeindruckt von Brakelmanns Brandrede war jedoch Adsche. Niemand sah, wie er nun allein den Weg einschlug – nicht zurück zu seinem Hof, sondern zum Dorfteich –, den verschatteten, von Birken gesäumten Weg entlanglatschte mit gesenktem Blick, tief versunken in sein geistiges Legoland.

Es war still am Dorfteich. Adsche setzte sich auf die Bank und blickte starr vor sich hin. Er spürte, dass er an einer Schwelle stand, die zu überschreiten es jetzt nicht mehr viel brauchte. Er hatte Brakelmann offenbar in die Enge gedrängt, ihn nervös gemacht, ja, auf die Verliererstraße getrieben. Brakelmanns Dachladden-Geschäft lief schlechter als Adsches. Das war schlagartig klar geworden. Werner, Karl-Heinz, Ecki, der alte Westphahl – sie alle gehörten zu Adsches Kundenkreis. Nun sogar die Anfrage von Kuno! Fast schien es, als würde Adsches Konzept endlich aufgehen. Wie lange hatte er Brakelmann beäugt, seine Gedanken aufgegriffen, seine Ideen imitiert? Wie oft war er mit diesem Ansatz gescheitert? Jetzt aber deutete alles darauf hin, dass er ihn überflügeln, ja, abheben und ihn aus luftiger Höhe geierhaft umkreisen würde. Das war er endlich, das musste, das könnte er sein: der Durchbruch!

Noch nie war er so weit gewesen. Adsche spürte den Triumph, und der würde nicht allein in den Geldbündeln aus den ewig sprudelnden Quellen der Versicherung liegen. Was sein Herz vielmehr erwärmte, war auch die Aussicht auf den Neid Brakelmanns, die herzerwärmende Unterwürfigkeit eines frisch niedergerungenen Freundes, den gebrochenen Blick des Gescheiterten. Adsche wusste gar nicht, wie er sich fassen sollte. Und es drängte ihn in diesem Moment, seinen ewigen Kontrahenten, seinen besten Freund und zugleich seinen besten Feind, bald, bald wiederzusehen. Und so erhob sich Adsche und ging mit kleinen und emsig schnellen Schritten zurück zur Dorfstraße und weiter zu dem Feldweg, der ihn nicht nur irgendwann zu seinem eigenen Hof, sondern zunächst einmal zu dem von Brakelmann führen würde.

Als er dort eintraf, saß der vor dem Bauernhaus an seinem Campingtisch und telefonierte über seinen Gründerzeit-Apparat.

«Ja, Ecki. Wir waren fest verabredet», rief er gerade aus. «Und dann sacht mir deine Frau, du *bist* schon im Krankenhaus?» Brakelmann verstummte kurz, um Ecki Gelegenheit für eine Darstellung der Ereignisse aus seiner Sicht zu geben, und erklärte dazu jovial: «Ja, natürlich freu ich mich für dich ...»

Adsche trat mit betonter Lässigkeit heran, und es fiel ihm glücklicherweise im letzten Moment etwas ein, das ihm überhaupt Anlass für den Besuch bei seinem Freundfeind liefern könnte.

«Ja, kann sein, dass das 1000 Euro gibt», fuhr Brakelmann fort. «Aber *wir* wollten das doch zusammen ... Ecki?»

Adsche schritt auf das Gemeinschaftsmofa zu.

«Wer?», rief Brakelmann empört aus. «Adsche? ... Hallo? ... Ecki?»

Ausgerechnet in diesem Augenblick war die Leitung offenbar gestört. Brakelmann schlug den Hörer auf die Tischplatte und hielt ihn noch einmal ans Ohr. Schließlich gab er alle Bemühungen auf und legte den Hörer zurück auf die Gabel. Enttäuscht sah er zu seinen Hühnern, die gerade sinnlos auf den Boden einhackten. Er griff zur Bierflasche, trank und warf dem Federvieh ein paar Krümel seines angebissenen und schon leicht gewellten Bauernbrots zu. Adsche schien er überhaupt nicht wahrzunehmen. Also musste der eine kleine Initiative starten.

«Nicht dass du denkst, ich will mich mit dir unterhalten», begann Adsche. «Ich will nur die Mofa abholen. Ich bin dran.» Er schüttelte die Maschine ein bisschen. «Kein Tropfen Benzin ... wie immer ... na ja.»

«Wo hast du denn deine Dachladde?», fragte Brakelmann. Nicht nur sein Ton, seine ganze Körperhaltung war eine einzige Provokation.

Adsche grinste schief und machte Anstalten, mit dem Mofa abzuschieben.

«Adsche, so wird das nix. Du gehst mit der Dachladde los, ich geh mit der Dachladde los. Kuno kommt zu dir, Kuno kommt zu mir. Ich will zu Ecki, Ecki is schon im Krankenhaus. Das 's alles Kuddelmuddel.»

Adsche dachte: Ja, jetzt ist es so weit. Er hielt in seinen Überlegungen inne und wandte sich Brakelmann zu, bereit, ihm zu sagen, dass eine neue Ära anbrechen würde: das Zeitalter des Adsche! Eine helle Epoche würde es sein nach den Jahren der Finsternis unter dem Despoten und Obermacker Brakelmann.

«Köm?», fragte Brakelmann und zauberte eine Schnapsflasche hervor, die zu seinen Füßen stand. Ein Überraschungsangriff. Mit Finesse serviert.

Später, das heißt eigentlich gleich, nämlich wenige Sekunden danach, würde Adsche sich fragen, warum er nicht anders hatte handeln können, warum er auf diese einfache Finte hereingefallen war, warum er die offene Flanke, die Brakelmann, an den Rand der endgültigen Niederlage gedrängt, ihm in dieser Situation bot, nicht nutzte zum alles entscheidenden Stoß. Denn er sagte nur: «Ja gut.»

Adsche ließ das Mofa fallen, latschte zu Brakelmann an den Campingtisch und setzte sich zu ihm, während der den Köm einschenkte und die gedankliche Lufthoheit wieder übernahm: «Adsche, wenn wir uns zusammentun, können wir zwei ...»

«Fifty-fifty», entwich es Adsche wie der letzte Hauch eines Dahingehenden.

Brakelmann blickte sein Gegenüber etwas ernüchtert an. «Meinetwegen.» Er spürte, dass er angesichts seines gesunkenen Marktanteils rein rechnerisch ganz gut davongekommen war. Sie tranken. Wie schon so oft.

«Und was willst du machen?», fragte Adsche. Offenbar hatte er sich wieder in den alten Machtverhältnissen eingerichtet.

«Also, als Erstes: Preisabsprache», verkündete Brakelmann.

«Gut.» Alles, was recht war, aber das war nun wirklich ein sehr sinniger Gedanke, fand Adsche.

«Wir kassieren 20 Prozent und fertich.»

Adsche schürzte zufrieden die Lippen und nickte einverständig.

«Und dann», fuhr Brakelmann fort, «müssen wir uns mal aufschreiben, wer was wem bei der Versicherung meldet, damit das nich immer dieselben sind.»

«Wird sonst ruchbar, meinst du?»

«Und dann müssen wir mal was anderes machen als nur Dachladde!»

Adsche blickte aufmerksam auf.

«Es gibt so viele Möglichkeiten», meinte Brakelmann.

«Ja, natürlich», stimmte Adsche aus vollem Herzen zu, um, nachdem er kurz an einen Zimmerspringbrunnen gedacht hatte, hinzuzufügen: «Zum Beispiel?»

«Ja ... kann ja auch mal 'ne Dachpfanne runterfallen», phantasierte Brakelmann behände.

«Oder jemand ...», nahm Adsche den Faden auf, um seine

Begabung für die Entwicklung alltagstauglicher Katastrophen unter Beweis zu stellen, «unglücklich mit der Kettensäge ...»

Brakelmann atmete tief durch, nun wieder ganz gewiss, das Heft des Handelns fest in der Hand zu haben, und meinte: «Adsche, lass mich mal machen ...»

Und so kam es.

In den nächsten Tagen und Wochen wurden Weidentore vorschnell aufgestoßen, obwohl noch ein Bauer, die Stirn voran, dahinterhockte, wurden Füße nicht rechtzeitig zurückgezogen, wenn der Trecker eines Nachbarn nahte, fielen Blumentöpfe aus offenen Fenstern der ersten Etage, um die Fontanellen zutiefst ahnungsloser Dörfler zu strapazieren, und – ja, auch das war weiterhin ein stetig wiederkehrendes Glied in der Kette unglücklicher Vorfälle – wurden Dachladden unter größtmöglichem Mangel an Aufmerksamkeit dem einen oder anderen Büttenwarder um die Ohren gehauen.

So mancher Bauer lag in Schmerzen vor dem Dorfkrug, am Rande der Feldwege, inmitten einer Kuhkoppel. Und mit jeder Platzwunde, mit jeder Quetschung und jedem Schleudertrauma stieg die Stimmung aller Beteiligten ins nahezu Euphorische. Endlich, so schien es, erreichte der allgemeine wirtschaftliche Aufschwung auch das beschauliche Dorf jenseits aller Strommasten. Nur einer konnte die Freude nicht so recht teilen. Bürgermeister Dr. Schönbiehl stand eines Abends in eher nachdenklicher Haltung am Dorfkrugtresen und trank ungewöhnlich schweigsam sein Feierabendbier.

«Die Kriminalität ist auf dem Vormarsch», meinte Shorty beiläufig. «Die Leute glauben ja, sie hätten 'n Recht darauf, Unrecht zu begehen.»

Dr. Schönbiehl hörte nur flüchtig zu und musterte Brakelmann nachdenklich, der mit Adsche ein Stück weiter am Tresen saß und seinerseits dem Lokalpolitiker harmlos zuprostete.

«Umso schöner», fuhr Shorty fort, «dass wir hier in Büttenwarder da rausstechen und der Welt zeigen, dass es auch anders geht. Fünfzehn Jahre keine Straftat. Das soll uns mal jemand nachmachen!»

Dr. Schönbiehl lächelte steif und blickte zu einem Bauern, der soeben humpelnd den Dorfkrug betrat. Er beobachtete den Mann, bis der an einem Tisch Platz genommen hatte, betrachtete die bereits dort sitzenden Bauern. Er kannte sie alle. Kai-Uwe hatte einen gegipsten Arm, Willi einen bandagierten Kopf, Ecki, kaum aus dem Krankenhaus entlassen, schon wieder ein großes Pflaster über der Nase. Schließlich wendete der Bürgermeister sich erneut Brakelmann zu, der ihn ganz harmlos anlächelte.

«Bei unserer letzten Vorstandssitzung im Tennis-Club Klockenstedt», begann Dr. Schönbiehl, «hab ich mich länger mit meinem alten Freund Dr. Duttelmann unterhalten ...»

«Über die Schweigepflicht?», fragte Brakelmann gewieft.

«Ich mach mir nur Sorgen, dass er sich übernimmt. In letzter Zeit kommen aus Büttenwarder ganze Busladungen voll mit Patienten in seine Praxis.»

«Er ist ja auch 'n guter Arzt», erwiderte Brakelmann in dem leichtesten aller ihm zur Verfügung stehenden Konversationstöne. Damit aber konnte er Dr. Schönbiehl nicht blenden.

«Brakelmann, hier ist doch was im Busch!»

Sie beide hatten nicht bemerkt, dass der Postbote eingetreten war und Shorty ein Bündel Post übergab.

«Irgendwas Dramatisches dabei?», fragte Shorty bang.

«'n paar Rechnungen. Die haben Zeit», beruhigte ihn der Zusteller.

«Alles klar.» Shorty kegelte den Poststapel erleichtert in die Ecke, während der Postbote unterdessen zum Bauerntisch trat.

Dr. Schönbiehl wandte sich wieder an Brakelmann: «Nun?»

Der verzog keine Miene und wandte sich an Adsche: «Weißt *du*, was hier im Busch ist?»

Adsche blickte tranig auf. «Nö.»

Der Postbote händigte an dem Tisch, zu dem er gegangen war, unter dem Jubel der dort sitzenden Männer jedem einen Umschlag aus. Dabei verkündete er: «398 Euro und 70 Cent ... 636 Euro und 98 Cent ... 421 Euro und 29 Cent.»

Dr. Schönbiehl blickte kurz zu den Bauern hinüber, dann wandte er sich wieder Brakelmann und Adsche zu. «Ich kann euch nur warnen, Freunde. Uns steht eine große Ehrung ins Haus. Fünfzehn Jahre Gesetzestreue in Büttenwarder. Wenn wir uns diese öffentliche Auszeichnung im letzten Moment durch leichtfertiges Handeln jenseits der Legalität verderben, werde ich hier niemanden schützen können!» Und mit diesen eindrucksvollen Worten ließ der Bürgermeister die beiden Bauern zurück.

Brakelmann und Adsche sahen ihm nach, für einen Augenblick, wie es schien, durchaus betroffen von der ernsten Mahnung.

Es war Brakelmann, der als Erster die passenden Worte fand, als er laut überlegte: «Weißt du, woran wir noch überhaupt nicht gedacht haben?»

Adsche konnte nicht sagen, woran sie noch nie gedacht hatten, und fragte deshalb: «Na?»

«Sachschaden.»

Adsche schaute aufmerksam auf. Und auch Shorty, der ihren Gedankenaustausch verfolgt hatte, schien von diesem Gedanken sogleich aufs Wärmste umspült zu sein. Er trat zu den beiden und meinte: «Also, Brakelmann. Da hätte ich direkt 'ne kleine Bitte ...» Er legte seine Armbanduhr auf den Tresen. «Die gefällt mir schon lange nicht mehr ...»

Die drei Männer blickten einander stumm an. Jeder ließ die innere Entschlossenheit zum Begehen einer Straftat in sich heranreifen. Sie brauchten nur wenige Sekunden dafür. Dann schritten sie vor die Tür des Dorfkrugs, warfen die Armbanduhr auf den Boden, Adsche setzte den Absatz seines rechten Fußes darauf, verlagerte sein Gewicht nach rechts, führte bei gleichbleibendem Druck auf das Glas der Uhr eine malmende Bewegung aus und trat anschließend zur Seite, damit Brakelmann die Uhr aufheben und sich von der ordnungsgemäß ausgeführten Beschädigung überzeugen konnte. Shorty lächelte. Sie hatten allen Grund, zufrieden zu sein.

Auf den Feldern streckte sich das Getreide, auf den Wiesen blühte rot der Klatschmohn. Es war ein prächtiger blauer Sommer. Und wer nicht gerade dem Gesang des Erlentrillichs lauschte oder dem Klopfen des Spechts in der Boddenbeeker Brache, der hörte da und dort Scheiben zerspringen, Blech knautschen, hochwertige Elektrogeräte zerbersten. Überall war ein Scheppern und Klirren, dass es nur so eine Freude war.

Ohne den Bereich des klassischen Schmerzensgeldes vollständig aufzugeben, hatte sich die Schar der Büttenwarder mit all ihrer Aufgeschlossenheit der Sachbeschädigung zugewandt. Auf die Dachladde musste deshalb nicht verzichtet werden. Sie tat den Bauern auch weiter treue Dienste. Wie leicht konnte es geschehen, dass man in einem engen Wohnzimmer mit der Dachladde unterm Arm bei einer unbedachten Bewegung die Glastüren einer Vitrine durchbrach, die wertvolle Keramiklampe von der Decke stieß, den Fernseher durchbohrte.

Kaum ein Wunsch blieb unerfüllt. Von Shortys Armbanduhr bis zu Brakelmanns Plattenspieler, von Eckis Schwarz-Weiß-Fernseher bis zu Kunos altem Fahrrad, das unter den Rädern eines unbedacht ausgeparkten Kleinwagens zum Versicherungsfall wurde. In diesem Sommer kam wirklich jeder auf seine Kosten.

Und wie eigentlich noch nie zuvor durfte sich Brakelmann der Erfüllung seiner Träume ganz nah fühlen. Bei ihm liefen die Fäden zusammen, er kassierte die Anteile. Der Durchbruch, die alle bisherigen Lebensgrundlagen auf den Kopf stellende Veränderung seines Lebens hin zur vollständigen Beglückung, hin also zu einer Existenz in gesichertem Reichtum und lässigem Alltag, dieser Durchbruch, das spürte er bisweilen schon auf der Spitze seiner Zunge, stand unmittelbar bevor. Und dafür arbeitete er durchaus engagiert.

«Am 24. Juni», so schrieb er beispielsweise in einer seiner Schadensmeldungen, «bin ich nach dem mehrmaligen Genuss von Köm und Bier im Badezimmer des Geschädigten ausgerutscht. Bei dem Versuch, mich irgendwo festzuhalten und nicht auf meinen Vorderkopf zu fallen, hab ich versehentlich das Waschbecken des Geschädigten, Wilhelm Eckhoff, aus der Wand gerissen.»

Brakelmann saß an seinem Campingtisch vor allerlei Formularen, den Telefonhörer eingeklemmt zwischen Ohr und Schulter, und las diese in windschiefer Typographie auf seiner klapprigen Reiseschreibmaschine getippte Schadensmeldung vor:

«‹Hab ich versehentlich das Waschbecken des Geschädigten aus der Wand gerissen ...› So hab ich das geschrieben, Heinzi. Ich bring dir das vorbei, du unterschreibst, dann hat Hinnerk in drei Wochen sein Geld ... Hallo?» Brakelmann löste den Hörer von seinem Ohr und schlug ihn kraftvoll auf die Tischkante. Als er ihn zurück ans Ohr führte, war die Verbindung erneut hergestellt. «Ja, und dein eingedrückter Kotflügel ist unterwegs. Die Erstaddung muss auf'm Weg sein. Ja? ... Hallo?»

Brakelmann knallte den Hörer noch einmal auf die Tischkante, blickte ihn tragisch an, da die Leitung weiterhin stumm blieb – und legte schließlich auf. Es war sowieso alles gesagt.

Gut gelaunt und in müßiger Stimmung trat Adsche zu ihm. Er hatte den Weg von seinem Hof zum Hof Brakelmanns offenbar genutzt, um sich einer poetischen Aufgabe zu widmen, denn er deklamierte nun nicht ohne einen Anflug von Stolz:

«Von der Wiege bis zur Bestaddung / Kassier 'n wir immer gern Erstaddung.»

Brakelmann lächelte nur schwach und durchwühlte gleich wieder geschäftig die Papiere.

Adsche blieb nichts anderes übrig, als sich suchend umzusehen.

«Hast du noch 'n Kleinen?»

Brakelmann stellte achtlos die Kömflasche auf den Tisch. Adsche hatte sich derweil den Stapel mit Schadensmeldungen vorgenommen, um sie zu prüfen.

«20 Prozent und 20 Prozent und 20 Prozent – Brakelmann, das sieht nach mindestens 200 Prozent aus.» Er vergaß darüber nicht, die beiden stets einsatzbereiten Kömgläser vollzuschenken. Schließlich fuhr er fort: «Was ich dir sagen wollte: Karl hat seine Erstaddung für den kaputt getretenen Fotoapparat an Heinrich verkauft, weil der damit Jochens Deckel bei Shorty auslösen wollte, der bekommt nämlich noch die Erstaddung von dem Unfall von der Leiter von Uwe.»

Brakelmann blickte unruhig auf.

«Watt? Wie? Adsche, mir wird 'n büschen schwindelig.»

Der Freundfeind musterte Brakelmann daraufhin sofort ganz gewieft. «Meinst du, das ist auch schon 'n Versicherungsfall?»

In diesem Moment läutete das Telefon, und Brakelmann nahm den Hörer ab.

«Brakelmann … Äh … Ja, Shorty. Was ist denn? … Was für 'n Gast? … Meinst du? … Aber warum denn? … Wirklich? … Ja … Is gut. Ich bin gleich da.»

Brakelmann legte den Hörer auf. Er wirkte ernsthaft besorgt.

«Wie ist das eigentlich mit Beleidigungen?», sinnierte Adsche unverdrossen weiter. «Auch gut, oder?»

«Adsche», sagte Brakelmann mit belegter Stimme und sehr nachdenklicher Miene.

«Du beleidigst mich zum Beispiel, und dafür krieg ich Schmerzensgeld», überlegte Adsche. «Dann beleidige ich dich, und du kriegst Schmerzensgeld. Verstehst du?»

«Adsche, wir müssen sofort los.»

«Ich kann dir ja trotzdem noch einen mit der Dachladde mitgeben», meinte Adsche milde. «Das kann ich dir ja gerne extra berechnen.»

«Adsche», rief Brakelmann endlich mit aller Entschlossenheit. «Wir haben ein Problem!»

Abseits von den anderen, allein an seinem Tisch, saß Horst Höpfner, ein fast zarter Mann mittleren Alters, mit einem schmalen Gesicht hinter einer breitrandigen Brille und einem immer verlegen wirkenden Lächeln. Seit drei Jahren war er liiert mit einer Kundenberaterin der Volksbank in Bad Oldesloe. Er war Squash-Spieler, Vegetarier und vor allem: Versicherungsangestellter. Höpfner hatte sein Jackett über die Stuhllehne gehängt, seinen Krawattenknoten gelockert, die Manschetten seines weißen Hemdes bis zum Ellenbogen hochgekrempelt. An dem Ecktisch der Schenke hatte er sich einen provisorischen Arbeitsplatz eingerichtet. Seinen Aktenkoffer mit kleinem Diktiergerät, Handy, Timer sowie Batterien von Kugelschreibern hatte er offen neben sich stehen, vor sich auf dem Tisch lag ein Stapel mit Schadensmeldungen. In dem

Stapel befanden sich auch einige Berichte mit der Typographie der Brakelmannschen Reiseschreibmaschine.

Brakelmann und Adsche waren so schnell sie konnten im Dorfkrug eingetroffen. Nachdem sie den Schankraum betreten hatten, nahmen sie erst einmal Witterung auf und beobachteten den Stadtschinken aus gesicherter Entfernung. Sie konnten sehen, wie er zum Diktiergerät griff, und hören, was er sagte: «Schadensmeldungen in den letzten drei Monaten: sechsundsiebzig, davon Sachschaden vierunddreißig, Kfz-Schaden zwölf, Personenschaden dreißig. Darauf entfallen allein auf Tönnsen, Arthur dreiundzwanzig Versicherungsfälle, davon sieben als Geschädigter, sechzehn als Verursacher ...»

Brakelmann und Adsche waren mit ihren Gedecken bereits auf dem Weg zu Höpfner, um den Gegenspieler genauer ins Auge zu fassen. Als Brakelmann nun Adsches Namen hörte, war ihm sofort klar, dass der, wie man unter Versicherungsbetrügern sagt, «verbrannt» war. Mit energischen Bewegungen dirigierte er daraufhin den Mitverschwörer aus dem Dorfkrug, um sich allein dem Mann zu stellen, der offenbar von dunklen Mächten entsandt war, den zart keimenden wirtschaftlichen Aufschwung im Dorf zu ersticken. Doch mit leeren Händen würde er ihm nicht entgegentreten. Brakelmann kehrte zum Tresen zurück und ließ sich von Shorty eine Flasche Köm reichen und zwei Gläser.

«War gegen 12 Uhr 30 auf dem Hof des besagten Tönnsen», diktierte Höpfner weiter ins Gerät. «Der war in einem sehr vernachlässigten Zustand. Den Tönnsen selbst habe ich nicht angetroffen. Auf Nachfrage im Dorfkrug wurde mir erklärt, besagter Bauer könne hier jederzeit zum Frühschoppen erscheinen.»

Höpfner schien seinen Informationsvorrat erschöpft zu

haben und ließ das Diktiergerät in seiner Hand sinken, als Brakelmann an seinen Tisch trat.

«Moin», sagte Brakelmann.

«Moin», sagte auch Höpfner und bewies damit, dass er mit dem Grundwortschatz dieser Region durchaus vertraut war.

«Erst mal: Herzlich willkommen», verkündete Brakelmann weiter und schenkte Höpfner einen Köm ein. «Kleinen Köm?»

Höpfner hob abwehrend die Hand.

«Danke, aber ...»

«Das ist hier so Brauch», erklärte Brakelmann sachlich.

«Wirklich nicht ... Danke.»

Brakelmann blickte Höpfner streng an.

Der Versicherungsangestellte war ein Mann von vielfältigen Talenten. So war er ordentlich und gewissenhaft. Durchsetzungsfähig war er nicht.

«Na gut. Einer ...» Er lächelte Brakelmann devot entgegen.

Die Männer prosteten sich stumm zu, tranken, stellten die Gläser ab.

«Wegen der Gastfreundschaft», erläuterte Brakelmann.

«Versteh schon», erwiderte Höpfner und dachte, die Angelegenheit habe sich damit erledigt. Brakelmann aber schenkte entschlossen nach.

«Auf einem Bein ...»

«Nein ... Bitte ...» Höpfner blickte erschrocken zu Brakelmann hoch, der, das schnell wieder gefüllte Kömglas im Anschlag, ihn mit leicht drohender Miene fixierte.

«Prost», bellte Brakelmann.

«Prost», gab Höpfner kleinlaut nach.

Die Männer tranken und stellten danach die Gläser ab. Höpfner registrierte mit wachsendem Unbehagen, dass Brakelmann keine Anstalten machte, nach diesem erneuten Trinkgenuss allmählich von seiner Seite zu weichen, vielmehr bei ihm verharrte und ihn offen anstarrte.

Höpfner hielt dem Blick stand und deutete dabei schwach auf die Unterlagen vor ihm. «Ich hab hier noch ... Das muss ich noch ...»

«Wollen wir uns nicht duzen?», fragte Brakelmann unvermittelt.

«Gern. Warum nicht?», meinte Höpfner und wandte sich fluchtartig seinen Papieren zu. Sollten sie sich doch fortan duzen. Vermutlich würden sie sich ohnehin nie wiedersehen. Höpfner musste fast lachen, als er daran dachte, seinen Kollegen in der Revisionsabteilung davon zu erzählen, er habe einen Duzfreund in Büttenwarder. Früher hatte man ja dann und wann einen Blutsfreund. Oder wie hieß das? Blutsfreund. Ja. Und jetzt Duzfreund. Zu witzig. Wahnsinnig witzig. Zwei Köm an einem heißen Sommermittag sind für einen ungeübten Trinker zu viel, überlegte er weiter, und das war vielleicht für eine Weile sein wirklich letzter klarer Gedanke. Total witzig!

Brakelmann hatte abermals nachgeschenkt. Nur noch halbherzig leistete Höpfner Widerstand, und schon hoben sie einstimmig die Gläschen und tranken.

«So», meinte Höpfner. «Jetzt muss ich aber ... Wenn Sie erlauben ...»

«Du», korrigierte Brakelmann.

Der Versicherungsmann lächelte verlegen und nickte. Doch damit war es nicht getan. Brakelmann schenkte ein.

«Das kostet 'ne Runde. Die geht aber auf dich», erläuterte er.

«Nein, das geht keineswegs mehr!» Höpfner bäumte sich noch einmal auf.

Brakelmann sah ihn entrüstet an. «Weil du jetzt mal bezahlen musst, oder wie?»

«Nein, nein», beschwichtigte ihn Höpfner. «Sie können gern so viel trinken, wie Sie wollen. Auf meine Kosten! Aber ich …»

«Du», korrigierte Brakelmann. «Denkst du, ich bin ’n Säufer, dass ich alleine trinke?»

Höpfner blickte Brakelmann diffus an. Er spürte, dass ihre zarte Freundschaft einer ersten Belastungsprobe ausgesetzt war. Auch wusste er, dass es auf dem Land immer wieder zu Handgreiflichkeiten kam. Insbesondere nach Beleidigungen im Zusammenhang mit dem Verzehr von alkoholischen Getränken. Also sagte er mit steifem Lächeln:

«Natürlich will ich Sie nicht … Entschuldigen Sie.»

«Du.»

Höpfner musste sich geschlagen geben, nickte, griff zum Glas und trank.

«Der ist aber ganz schön stark», meinte er dann schon wieder ganz kregel.

Brakelmann schenkte sofort nach und erläuterte fachmännisch. «Das gibt sich, wenn man selbst ’n büschen weicher wird.»

Der Versicherungsangestellte fand das zu seiner eigenen Überraschung ziemlich interessant. «Ah, ja …», meinte er und blickte planlos auf seine Unterlagen.

Brakelmann füllte abermals die Gläser voll. Es waren die letzten Tropfen, die die Flasche hergab.

«Die Wiege …» Er lächelte leutselig. «Das bringt Glück.»

Höpfner blickte Brakelmann an, als sei der erleuchtet. «Tatsache?»

Keine Frage: Der Mann war gewonnen.

Eine halbe Flasche später konnten Adsche und Shorty den sturzbetrunkenen Höpfner in eines der Gästezimmer des Dorfkrugs schleppen. Brakelmann folgte ihnen mit dessen Aktenkoffer. Vollständig bekleidet wurde Höpfner in dem

Bett abgelegt. Brakelmann, Adsche und Shorty betrachteten den Mann.

«Und nu?», fragte Adsche schließlich.

Brakelmann wusste, was jetzt zu geschehen hatte.

«Krisensitzung», sagte er entschlossen. «Jetzt kann nur noch die Dorfgemeinschaft helfen.»

Wenige Minuten später hatten sich alle im Dorfkrug versammelt, die dank ihrer Versicherungen einiges kassiert und deshalb allerlei zu befürchten hatten. Während Versicherungsagent Höpfner oben im Gästezimmer seinen Rausch ausschlief, versuchte unten Brakelmann, sich an die Spitze der Dorfgemeinschaft – der solidarischen Einheit der Kleinkriminellen – zu setzen. Wenn es ihm gelänge, beispielsweise eine Wand des Schweigens zu organisieren, könnte nicht nur Höpfner entmutigt aufgeben, sondern er, Brakelmann, vielleicht auch mit einer entsprechenden Prämie für seine Führungsqualitäten belohnt werden. Doch kaum waren Brakelmann, Adsche, Shorty, Kuno, Ecki, Kai-Uwe, Günther und all die anderen vor dem Dorfkrugtresen vereint, zerfiel die Wand des Schweigens, der Pakt der Solidarität, das Wolfsrudel der Gewinnmitnehmer. Jeder hier gab dem anderen die Schuld, man schrie sich an, verwünschte einander, stammelte sich in eine Unschuld hinein.

«Ich hab die Dachladde doch nur gehalten! Und du bist ständig dagegen gelaufen!», rief der eine. «Da kann ich doch nichts für!», der andere.

Die Sonne war lange untergegangen, als die Angriffslust der Dörfler zu erlahmen schien und die Solidarität die Oberhand gewann. Doch das währte nur einen kurzen Augenblick. Denn kaum hatte Kuno ausgerufen: «Das war deine Idee, Adsche, was man alles kaputt machen kann!», schrie Adsche zurück: «Das war nich meine Idee! Das war Brakelmanns Idee!»

Es war dies der Moment des demokratischen Umkehrschwungs, der immer dann eintrat, wenn sich Einzelinteressen zur Mehrheit finden und eine Minderheit unterdrücken können – in diesem Fall war die Minderheit Brakelmann.

«Wer hat denn mit dem ganzen Scheiß angefangen?», hieß es plötzlich.

«Ja, wer denn?», hieß es dann.

«Brakelmann!», hieß es schließlich.

Und jetzt erhob sich ein ganz frischer Radau und veränderte die gesamte Choreographie der Volksversammlung. Alles richtete sich plötzlich auf Brakelmann aus, und man forderte kraftvoll, er möge sich den Behörden stellen und die Verantwortung übernehmen. Brakelmann musste nur in die von gerechter Empörung glänzenden Augen seiner Mitbewohner sehen, um zu wissen, dass es für ihn an der Zeit war, sich zu verabschieden. Entschlossen bahnte er sich einen Weg durch die Menge und lief hinaus.

Der Dorfkrug selbst lag friedlich im milden Schein der Sterne, die über Büttenwarder funkelten. Vor dem Dorfkrug standen einige Trecker, Fahrräder und das Gemeinschaftsmofa. Aus dem Schankraum drangen weiterhin lautstark die Stimmen der Bauern, die Brakelmann nachriefen: «Brakelmann, stell dich! Brakelmann! Bleib stehen! Halt! Brakelmann!»

Brakelmann aber hatte sich schon auf das Gemeinschaftsmofa geschwungen, den Motor gestartet, um so schnell es eben ging davonzufahren, hinaus in die Nacht.

Erst als er auf der Dorfstraße einige Meter hinter sich gebracht hatte und überlegte, ob er bei seinem Onkel Werner in Düdersen um Asyl bitten sollte, kam ihm ein viel besserer Gedanke.

Dr. Schönbiehl hatte bereits geschlafen und öffnete Brakelmann, gehüllt in einen eleganten Seidenmorgenmantel, die Tür. Den fragenden Blick des Bürgermeisters beantwortete Brakelmann mit einem schlichten: «Es brennt.»

Der Würdenträger nickte nur stumm und bedeutete Brakelmann mit einem Wink, er möge hereinkommen. Gemeinsam betraten sie das Arbeitszimmer. Dr. Schönbiehl schaltete das Licht ein und setzte sich an seinen Schreibtisch. Brakelmann nahm ihm gegenüber Platz und wand sich unter den strafenden Blicken des Bürgermeisters. Für eine Weile war allein das Ticken der alten Standuhr zu hören.

«Vor etwas über zwanzig Jahren», begann dann Dr. Schönbiehl, «hat sich mal so ein Versicherungsvertreter nach Büttenwarder verirrt. 'n pfiffiger Kerl. Und der hat euch allen Versicherungen verkauft. Das gesamte Dorf ist seitdem bei derselben Versicherung.» Er musterte Brakelmann mit geradezu väterlicher Strenge. «Und dann macht ihr so was ...»

Brakelmann schürzte die Lippen und guckte möglichst unschuldig. Aber das half ihm jetzt auch nicht mehr.

«Betrug, Brakelmann. Organisierter Betrug – so wird das genannt», stieß Dr. Schönbiehl nach.

«Aber wieso, Bürgermeister?» Brakelmann hielt versuchsweise dagegen. «Ich meine, die Schmerzen waren echt. Zum Beispiel Kuno, der hat immer so gejammert ...»

Der Lokalpolitiker war dadurch nicht zum moralischen Freispruch zu bewegen. Er hob lediglich leicht die Augenbraue.

«Und der Sachschaden war auch echt. So 'ne Uhr, wenn du da mal richtig drauftrittst, kannst du die wegschmeißen.»

«Muss ich dir das wirklich erklären?», erwiderte Dr. Schönbiehl. «Ihr habt die Unfälle absichtlich herbeigeführt ... Ein bisschen Aua für ein bisschen Euro.»

«Ja, aber Entschädigung muss doch sein ... Wie oft denkt

man, man müsste mal entschädigt werden ... Allein für alles, was einem niemand lohnt!»

An Brakelmann zog in diesem Moment sein ganzes Leben im Schnelllauf vorbei.

«Brakelmann, das ist eine eher philosophische Frage, für die sich die Versicherungen in der Regel weniger interessieren», stellte Dr. Schönbiehl sachlich fest.

«Nich?» Brakelmann seufzte. «Aber was machen wir denn nun, wenn der Kerl morgen früh aufwacht? Ich denk ja dabei besonders an dich, Bürgermeister, und an die schöne Auszeichnung, auf die du dich so freust ...» Brakelmann blickte zerknirscht auf. «Fünfzehn Jahre keine Straftat in Büttenwarder. Das dürfen wir doch jetzt nicht aufs Spiel setzen.»

Dr. Schönbiehl lächelte dünn. Brakelmanns aufgesetztes Mitgefühl beeindruckte ihn nicht. So etwas konnte er auch. Er war nicht umsonst seit vielen Jahrzehnten Politiker. Und so schwiegen sie, der eine bang, der andere genüsslich. Die alte Standuhr mochte eine Symphonie lang getickt haben, als der Bürgermeister verkündete: «Ich werde dir ein letztes Mal helfen, Brakelmann. Ich werde dir sagen, was wir machen ...»

VII
In der Provence

Als der diplomierte Versicherungskaufmann Horst Höpfner am nächsten Morgen die Augen öffnete, war seine erste Aufgabe, verschiedene Sinneseindrücke, die gleichzeitig auf ihn einstürmten, zu sortieren, mithin ihren Eintritt in sein Bewusstsein zu ordnen. Es war der reine Selbstschutz. Er wäre sonst womöglich überflutet worden von seinen eigenen, recht überraschenden und fremdartigen Empfindungen. Zunächst also stellte er fest, dass er in einem Bett lag, das er nicht kannte. Das Bett stand in einem Raum, den er auch nicht kannte. Wie er hierhergekommen war, das war ihm schleierhaft. Er spürte einen pelzigen Geschmack im Mund, sein Atem hatte eine scharfe Note, der trockene Schleim an seinem Gaumen schmeckte nach reinem Alkohol, sein Kopf schmerzte. Er wendete den Blick zur Seite. Tageslicht fiel bereits durch die beiden schmalen Fenster. Es musste gegen Mittag sein. Eines der beiden Fenster war aufgeklappt, sodass er Stimmen gewahr wurde, die einander zuriefen: «Aua … Mensch, pass doch auf!» Oder: «Tut mir leid! So ein blödes Missgeschick!» Und dann wieder: «Ich glaub, ich hab ganz schön was abgekriegt …» Und schließlich: «Soll ich dich zum Arzt bringen?»

Höpfner raffte sich auf, setzte sich auf den Bettrand, kratzte sich den Kopf, entdeckte, abgelegt auf einem neben dem Bett stehenden Stuhl, sein Jackett und seinen Aktenkoffer, den er auf seine Knie nahm und öffnete, um sich mit fahrigen Bewegungen der Vollständigkeit seiner Unterlagen zu vergewissern. Sofern er sich noch an sie erinnern konnte. Er ergriff dann auch sein Jackett, erhob sich und wurde kurz weich in den Knien, als der Blutdruck ihm in den Kopf schoss. Mit vorsichtigen Schritten verließ er das Zimmer, stieg die enge, knarrende Treppe hinab in den Flur, um so, den Aktenkoffer fest umklammernd, den Schankraum zu betreten, wo er gerade noch sah, wie ein Bauer hinaushumpelte und ein zweiter Bauer einem dritten einen Kopfverband anlegte.

«Er hat es nicht böse gemeint. Das hätte dir genauso passieren können», sagte der Bauer, in dem Höpfner sofort seinen Duzfreund vom Vortag erkannte, den Verführer und alkoholischen Anheizer namens Brakelmann.

«Ist es ja auch ... Gestern hab ich ihm ja aus Versehen mit'm Spaten ...», antwortete der Bauer, der einen Kopfverband bekam und von dem Höpfner nicht wissen konnte, dass es sich bei ihm um Arthur «Adsche» Tönnsen handelte.

«Soll ich dich zum Arzt fahren?», fragte Brakelmann besorgt.

«Ach», erwiderte Adsche resigniert. «Das kann man ja alles dem Dokter nicht mehr zumuten.»

Höpfner wandte sich mit brüchiger Stimme an Shorty: «Haben Sie vielleicht 'n Kaffee für mich?»

«Kleines Frühstück?», erwiderte Shorty voller Herzlichkeit.

Höpfner nickte und spürte dabei, wie sein Stahlhirn an die Innenwände seiner Schädeldecke stieß. Er meinte, einen lauten Gong zu hören.

«Sehr gerne ...», erwiderte er.

Aufgeschlossen machte sich Shorty an die Arbeit.

Durch die offenstehende Eingangstür zum Dorfkrug hörten plötzlich alle einen schmerzerfüllten Aufschrei, gefolgt von einem: «Aua, du Idiot! Nich schon wieder! Das ist doch meine alte Stelle!»

Höpfner blickte in die Runde. Aber niemand in dem Schankraum wirkte durch das Geschrei sonderlich beunruhigt. Die Schallwellen der Schreienden draußen setzten die Stahlkugel in seinem Kopf erneut in Bewegung, für einen Moment verschwamm alles vor Höpfner. Also schloss er die Tür und nahm an einem der Tische Platz. Dabei sah er, dass Brakelmann den Kopfverband fertig angelegt hatte und sich nun recht unglücklich umdrehte. Ein gewaltiger Stapel Essteller stürzte von der Anrichte, die sich hinter ihm befand, und ging laut scheppernd zu Bruch.

«Oh, nee! Brakelmann! Wie konnte das jetzt wieder passieren?», rief Shorty aus, doch, wie es Höpfner schien, ohne große innere Erregung.

«Das war jetzt aber auch unglücklich!», klagte Brakelmann.

Höpfner hatte den Eindruck, einem Ritual beizuwohnen, einem mystischen Tanz des Scheiterns. Da seine eigene Verfassung selbst so zerbrechlich war, konnte er diese Atmosphäre kaum ertragen.

«W-wenn Sie vielleicht doch nur 'n einfachen Kaffee für mich haben», rief er Shorty zu, wobei ihm seine Stimme nahezu versagte.

«Kommt sofort!», bemerkte der Wirt.

Höpfner sah jetzt entschuldigend zu Brakelmann, der sich nicht im Geringsten um das zerbrochene Geschirr kümmerte. «Ich hab gestern Abend ein bisschen die Kontrolle verloren ...»

Brakelmann schenkte dem Versicherungskaufmann ein treues Lächeln. «So geht das jedem hier in Büttenwarder.»

Da erklang von draußen, durch die geschlossene Tür, ein lautes Hupen, dann prallte offenbar Blech auf Blech. Höpfner war allmählich ein wenig alarmiert. «Was ist denn hier bloß los?»

Mit sorgsam tastenden Schritten trat Shorty nun mit einem Tablett an den Gast heran, darauf ein Kännchen Kaffee und eine Tasse nebst Milchtöpfchen und Zuckerstreuer. Jetzt erst registrierte Höpfner, dass auch der Wirt einen Verband trug.

Die rechte Hand war bandagiert. Shorty hatte den Blick des Fremden bemerkt und sagte leichthin:

«Da hab ich mich nur ganz normal verbrüht. Das passiert mir eigentlich jeden Morgen ...»

«Aber die anderen hier ... die sind ja auch alle ...», stammelte Höpfner.

Und dann geschah alles gleichzeitig, wie Höpfner es später seiner Verlobten gegenüber ausdrücken würde. Shorty hatte die Tasse gerade abgestellt, wollte offenbar zugleich in einem Anfall von übertriebener Sorgfalt den Tassenhenkel benutzerfreundlich ausrichten und das Kaffeekännchen über den Tablettrand heben, wobei der Zuckerstreuer sich bedrohlich zur Seite neigte und das Milchtöpfchen durch ein Verrutschen ebenfalls eine Reaktion des Wirts provozierte. Shorty riss also die Kaffeetasse vom Tisch, stieß das Kaffeekännchen vom Tablett und ließ Zuckerstreuer und Milchtöpfchen im hohen Bogen herunterfallen.

Die Männer sahen stumm herab auf die Melange von Keramik- und Glasscherben, Kaffee, Plastik, Milch und Zucker auf dem Boden.

«Ich versuch's einfach noch mal», meinte Shorty tapfer.

«Ach, lassen Sie nur», erwiderte Höpfner. «Ich nehm 'n Wasser. Das reicht mir schon.»

«Wissen Sie, was wir glauben?», fragte Brakelmann.

Nun schaltete sich auch Adsche in das Gespräch ein, der bis dahin nur dösig seinen Kopfverband abgetastet hatte. «Das hadde vielleicht was mit dem Chemielaster zu tun, der hier vor vier Jahren auffer Dorfstraße umgekippt ist.» Er wandte sich fragend an die anderen. «Was hadde der noch geladen?»

Shorty wirkte plötzlich mental angeschlagen. «Weiß nich», bröselte es dumpf aus ihm heraus.

«Irgendwas mit ... Toxi ...», hauchte Brakelmann.

Höpfner blickte mit offenem Mund von dem einen Schadensfall zum anderen.

«Seitdem ist das hier wie verhext», bilanzierte Shorty nachdenklich.

Adsche senkte, wie zum persönlichen Geständnis, die Stimme: «Wir mögen das gar nicht mehr unserer Versicherung melden.»

«Das ist uns ja selbst schon so peinlich», fügte Brakelmann hinzu.

Von draußen erklang zunächst aufröhrender Motorenlärm, dann folgten mehrstimmige Warnrufe, die schnell anschwollen, schließlich jäh zum Verstummen gebracht durch ein malmendes Geräusch, als würden Knochen zerkieselt. Die Stille, die danach eintrat, war unerbittlich. Höpfner tastete sich vorsichtig und angespannt wie eine Raubkatze zur Tür. Dort angekommen, drehte er sich noch einmal kurz zu Shorty um.

«Ach, wissen Sie was – lassen Sie das mit dem Wasser. Ich hab 'n Termin in Barsinghausen. Ich glaub, ich fahr mal lieber gleich los … Tschüs.»

In seinem Bekanntenkreis war Höpfner als Sparfuchs bekannt. Keine Reklamation war ihm zu konstruiert, keine Bitte um Preisnachlass zu kleinlich. Shorty jedoch wäre zu einer ganz anderen Einschätzung der Persönlichkeit seines Gastes gekommen, denn Höpfner legte ihm hastig zwei Fünfzig-Euro-Scheine hin und raunte etwas dazu wie: «Ich hatte ja auch einige Getränke …» Er zahlte mehr als nur seine Zeche. Er zahlte Lösegeld, und er tat es von Herzen gern.

Höpfner umklammerte den Griff seines Aktenkoffers, der für ihn das letzte Verbindungsstück zu einem Leben war, in dem Ordnung und Normalität herrschten. Er packte dabei so fest zu, dass er sich einige Stunden später wegen starker

Schmerzen im Mittelhandknochen in Klockenstedt in die Behandlung von Dr. Duttelmann begeben sollte. Das Jackett an die Brust gepresst, versuchte er noch auf dem Weg zu seinem Dienstwagen, der wie das Fort Apache inmitten eines von Wilden beherrschten Teils der Welt im Schatten der alten Linde stand, den Zündschlüssel aus der Jackentasche zu fummeln. Was auf dem kleinen Platz vor dem Dorfkrug geschah, wollte er lieber nicht mit ansehen. Er kannte Unglücksfälle bis zu diesem Tag nur aus Protokollen, Gutachten und Schadensmeldungen. Nur wenn Schicksalsschläge in Zahlen übersetzt und berechenbar waren, nahm ihm das seine Angst vor einer Verstrickung im Mitgefühl. Also lief Höpfner rasch vorbei an eingedellten Fahrzeugkarosserien, blutbefleckten Dörflern, am Boden kauernden Verletzten, bevor er in seinen glänzenden Dienstwagen stieg. Er hoffte sehr, ihm würde das niemand übel nehmen. Mit hoher Drehzahl fuhr er davon.

Augenblicklich verstummte das Wehgeschrei und Geschepper. Kuno, Ecki, Kai-Uwe, Willi und die anderen, die auf dem Vorplatz auf das Geräusch der sich entfernenden Mittelklasselimousine lauschten, sahen einander an. Langsam wich die Spannung. Die Mullbinden wurden abgenommen, die Scherben zusammengefegt, und Kuno sah mit fragender Miene zu Brakelmann, Adsche und Shorty, die inzwischen aus dem Dorfkrug getreten waren.

«Und? Wie waren wir?»

«Laut», erwiderte Adsche.

Brakelmann blickte nachdenklich in die Runde. «Meint ihr, dass das gereicht hat?»

Es reichte.

Ein paar Tage später saßen Brakelmann, Adsche, Kuno und ein paar Bauern einträchtig vor dem Dorfkrug unter der strahlenden Mittagssonne und ließen sich von Shorty mit Bier und Köm verwöhnen. Der Briefträger hatte sich auf der Bank neben der Eingangstür niedergelassen und arbeitete diskret die Tagespost der Dörfler durch. Die Dachlatten ruhten unter der Linde auf dem Vorplatz, und alle fühlten sich wieder ganz munter und unschuldig. Umso betroffener waren ihre Mienen, als sich nun der Streifenwagen mit eingeschaltetem Blaulicht und Martinshorn über die Dorfstraße rasant näherte und mit dramatischem Einkehrschwung vor der Wirtschaft zum Halten kam.

«Ein kleiner Scherz. Peter hat mich nur mitgenommen. Mein Wagen ist in der Inspektion!», rief dann jedoch Dr. Schönbiehl, der auf der Beifahrerseite ausstieg und ein staatsmännisch mildes Lächeln präsentierte. «Es gibt Neuigkeiten», verkündete er weiter und trat auf die Bauern zu. «Ich hab mal ein bisschen vorgefühlt. Ich kenne einen der Versicherungsheinis aus dem Golf-Club ...»

«Und?», fragte Brakelmann.

«Es hat geklappt. Es wird keine Ermittlungen gegen euch geben.»

Brakelmann, Adsche, Kuno und die anderen atmeten erleichtert durch.

«Das schöne Geld, das ihr eingesackt habt ...», fuhr der Bürgermeister fort.

«Welches Geld?», versuchte Adsche noch abzuwiegeln.

«... wird auf Heller und Pfennig dem Altenheim ‹Alte Eichen› gespendet. Die brauchen ein neues Dach.»

«Das sagst du nur, weil du da im Vorstand bist», begehrte Shorty auf, und die anderen nölten:

«Das ganze Geld?»

«Das haben wir uns sauer verdient!»

«Warum immer wir?»

«Kein Wort mehr, meine Lieben», unterbrach Dr. Schönbiehl mit erkennbaren Führungsqualitäten die Tiraden. «Höchste Zeit, dass hier wieder Anstand und Gesetzestreue einkehren. Werte, für die wir einstehen, ohne uns bereichern zu wollen.»

Die anderen verzogen lustlos die Mienen. Es war das Zeichen der vollständigen Kapitulation, wie Dr. Schönbiehl aus langjähriger Erfahrung wusste. Fast unbemerkt, aber auffällig passend trat der Briefträger in diesem Moment hinzu und reichte Shorty die Post.

«Und? Was dabei?», fragte der Wirt, wie stets mit banger Miene.

«Deine Schwester schreibt, dass es den Kindern wieder besser geht», fasste der Postbote das acht Seiten lange Schreiben voller Belanglosigkeiten zusammen, in dem detailverliebt die Auswirkungen einer Durchfallerkrankung beschrieben worden waren.

«Ach, das ist gut», seufzte Shorty wie befreit und steckte den Brief in seine Westentasche.

Der Briefträger verteilte indes an jeden der Bauern einen weiteren Umschlag.

«Das ist von eurer Versicherung», erläuterte er. «Die kündigen euch die Haftpflicht.»

«Meine Güte, sind die nachtragend», meinte Brakelmann.

«Seid froh, dass die sich damit begnügen», hielt Dr. Schönbiehl dagegen. «Und dankbar – besonders eurem Bürgermeister. Immerhin habt ihr die rettende Idee mir zu verdanken, der ich, wie so oft, immer nur an das Wohl meiner Schäfchen denke.»

«Ja, ja», maulten die Schäfchen.

«Brakelmann wäre nie darauf gekommen, volles Risiko zu gehen und das ganze Dorf zum Opfer eines Chemieunfalls zu erklären! Das war ich! Euer Bürgermeister!»

Gegen Vivat-Rufe hätte Dr. Schönbiehl an dieser Stelle nichts einzuwenden gehabt. Doch die Untertanen grummelten nur wieder lustlos. Dr. Schönbiehl spürte, dass er aufrichtige oder zur Not auch geheuchelte Anerkennung wohl nicht erwarten konnte. Er wollte schon weiter, als der Briefträger plötzlich vor ihm stand und ein weiteres Schreiben aus der Posttasche beförderte.

«Hier hab ich was für dich aus Kiel. Vom Innenministerium ...»

Der Bürgermeister blickte sich, leicht unangenehm berührt, zu den anderen um, bevor er den Postboten anwies: «Das kannst du mir gerne ins Büro bringen.»

«Du wirst ...», fasste der unverdrossen seine Lektüre aus dem Reich des Postgeheimnisses zusammen, «du wirst jetzt wegen deiner Verdienste um Recht und Ordnung in das Kompetenzteam ‹Innere Sicherheit› einberufen.» Er hielt Dr. Schönbiehl den Umschlag hin. Der Bürgermeister zögerte kurz, nahm das Schreiben dann schnell an sich und zeigte den anderen, was er sich unter einem unschuldigen Lächeln vorstellte.

«Tatsächlich?», meinte er. «Was für eine Überraschung! Eine weitere Krönung meiner politischen Laufbahn!»

«Und du hast also nie an deinen persönlichen Vorteil gedacht?», fragte Brakelmann, der sich mal wieder als der Reaktionsschnellste erwies.

«Wie bitte?» Dr. Schönbiehl tastete sich bereits vorsichtig rückwärts.

«Du willst dich bereichern an unserer Anständigkeit», klagte nun auch Shorty an.

«Aber ... wieso denn?», stammelte der Bürgermeister.

«Wir sind gesetzestreu», empörte sich Adsche. «Und du machst damit Karriere!»

Dr. Schönbiehl rechnete sich gute Chancen aus, noch vor

dem Mob den weiter wartenden Streifenwagen zu erreichen, und setzte alles auf einen Sprint.

«Auf ihn mit Gebrüll!»

Kuno und einige andere setzten ihm nach, aber vergeblich. Der Bürgermeister hatte alles gut vorausberechnet und konnte sich in den Wagen retten, bevor er selbst zu guter Letzt zu einem Versicherungsfall geworden wäre.

Peter, der gedankenresistente Dorfpolizist, saß noch am Steuer und hatte die Funkstille genutzt, um eine Trockenrasur durchzuführen. Er blickte träge zum Beifahrersitz, auf dem Dr. Schönbiehl Platz genommen hatte, jetzt die Tür zuzog und ebenso nervös wie erfolglos das Verschlussknöpfchen suchte. Die Meute hatte den Wagen erreicht, wagte aber nicht den offenen Aufruhr, den Angriff auf Staatseigentum. Der Bürgermeister bewahrte in der Bedrängnis Haltung, lächelte Peter huldvoll an und bat, er möge ihn zu seinem Amtssitz chauffieren. Das war für ihn kein Umweg, denn Peter musste den Streifenwagen ohnehin zum Waschen fahren. Wie jeden Tag um diese Zeit.

Und so kam es, dass nur einige Momente später sich vor dem Dorfkrug schon wieder alle Gemüter beruhigt hatten und Dr. Schönbiehl vor seiner Villa abgesetzt wurde. Er winkte Peter noch zu und betrat danach sein Grundstück, dessen Vorgarten von üppig blühenden Rhododendren beherrscht wurde. Sein Anwesen, aber auch der in der Auffahrt geparkte strahlende Dienstwagen, der bereits am Vortag gewaschen und poliert aus der Inspektion zurückgekommen war, vermittelten dem Bürgermeister ein Gefühl von Unantastbarkeit, von Immunität und ließen ihn ganz erholt auf sein Haus zuschreiten. Er öffnete die Haustür und fiel fast über die vor der Garderobe aufgereihten Koffer und Reisetaschen und den Korb mit frischen Lebensmitteln, die Ingelore wohl später der Nachbarin überlassen wollte.

«Hallo, Liebes! Ich bin wieder da», rief Dr. Schönbiehl.

«Wer gießt eigentlich die Blumen, wenn wir weg sind?», fragte Ingelore von oben aus dem Schlafzimmer.

«Brakelmann», antwortete ihr Gatte von unten und legte Hut und Jackett ab.

«Du hast ihm aber doch hoffentlich keinen Schlüssel gegeben?»

«Nein, wir stellen alle Zimmerpflanzen in den Patio. Die kann er dann mitgießen, wenn er den Rasen wässert und die ...»

«Ich hab dir deine beigefarbene Strickjacke eingepackt. Es kann nachts recht kühl werden.»

«Danke, Liebes», erwiderte Dr. Schönbiehl.

Er begab sich in sein Amtszimmer, das er mit äußerster Konsequenz im englischen Stil möbliert hatte. Hier stand sein Schreibtisch aus Ulmenholz mit der charakteristischen grünen Einlegeplatte und das braun lederne Chesterfield-Sofa, das ihn mit seiner tiefgeknöpften Polsterung und den hochwandigen Armlehnen so oft schon zum Mittagsschlaf eingeladen hatte. Dr. Schönbiehl öffnete den halbverglasten Bücherschrank und wählte aus seiner Bibliothek die geeignete Reiselektüre. Er entschied sich für Gustave Flauberts *Bouvard und Pécuchet* und natürlich für Erzählungen des unsterblichen Guy de Maupassant. Nach ihnen hatte die französische Literatur rein gar nichts mehr hervorgebracht, was von Belang gewesen wäre – außer Georges Simenon. Und der war Belgier, wie Dr. Schönbiehl wusste. Danach erledigte er noch einige Telefonate, vertröstete Mandanten und verabschiedete sich bei Parteifreunden in den Urlaub.

Ingelore hatte sich unterdessen, nur flüchtig durch die geschlossene Tür grüßend, zu ihrer Bridgerunde begeben. Dr. Schönbiehl war allein, denn auch die Haushaltshilfe, die ihnen noch am Vormittag beim Packen behilflich gewesen war, hatte ihre Arbeit beendet und war gegangen

Obwohl er am nächsten Tag für drei Wochen Büttenwarder verlassen würde, verspürte er keine Lust auf den üblichen Absacker im Dorfkrug. Die mangelnde Dankbarkeit des Wahlvolks hatte ihn zu tief verletzt. Und von seinem anstehenden Provence-Urlaub hatte er, wie er selbstkritisch befand, genug geprahlt. Also taperte er nur kurz in die Küche, um sich mit einigen Käseresten zu versorgen, stieg in den Keller, wo er wie ein Pascha eine Haremsdame die Flasche Rotwein wählte, die ihm an diesem Abend zu Willen sein sollte.

So ausgestattet, setzte er sich an seinen Schreibtisch und betrachtete noch einmal den Brief des Innenministeriums. Mit seiner Einberufung in das Kompetenzteam «Innere Sicherheit» war verbunden, dass er auf dem Sonderparteitag im Oktober eine Grundsatzrede halten durfte. Dr. Schönbiehl atmete befriedigt durch. Endlich würde ihm die Aufmerksamkeit zuteil, die ihm gebührte. Und er würde die Gelegenheit nutzen, um sein politisches Credo, die Summe seiner Erfahrungen als politischer Mensch und politischer Gestalter usw. zum Ausdruck zu bringen. Er blickte einen Moment länger auf die fast geleerte Rotweinflasche und begann sodann fieberhaft zu notieren: «Frieden und Respekt. Nachsicht und Mitgefühl. Die Leitlinien unseres politischen Handelns, liebe Parteifreunde, sind klare und unmissverständliche Bestandteile im genetischen Programm der Menschheit. Wir haben die Macht, Frieden, Respekt, Nachsicht und Mitgefühl walten zu lassen. Es liegt an uns, ein klares und unmissverständliches Gelübde zu leisten: Politik muss der Menschheit in allen Teilen und im Großen und Ganzen dienen. Nicht mehr und nicht weniger.»

Ach, das war schon verdammt gut. Erschöpft wie nach einem Liebesakt ließ er von dem Papier ab. Er legte es in die Schublade, löschte das Licht und begab sich zu Bett. Als er das Schlafzimmer betrat, bemerkte er erst, dass Ingelore inzwischen bereits zurückgekehrt war und schlief. Sie war so zartfühlend und respektierte jederzeit sein Bedürfnis nach Privatsphäre. Er blickte zu ihrer Betthälfte, die silbern konturiert war vom Mondlicht, das durch die nicht ganz geschlossenen Vorhänge fiel. Ingelore sah aus wie ein Gebirge, die dünne Daunendecke warf Falten und Schluchten. Sie schnarchte leise.

Wie seit mehr als fünfzig Jahren schon legte er sich zu ihr. Sie war ihm immer ein komplettes Rätsel geblieben. Und dennoch konnte er mit Sicherheit sagen, dass er sie liebte, und zwar auf eine Art, die ihn verwirrte, weil seine Gefühle für Ingelore nichts zu tun hatten mit seiner Eitelkeit.

Am nächsten Morgen nahmen die Eheleute nur ein kleines Frühstück zu sich, spülten danach das Geschirr, trugen die Blumentöpfe in den Patio, schlossen alle Fenster, alle Vorhänge, verstauten die letzten Gepäckstücke im Kofferraum und fuhren davon. Ingelore lenkte den Wagen die Dorfstraße hinauf.

«Ich hab letzte Nacht wieder von dieser Person geträumt ...», fing sie an.

«Liebes ...» Dr. Schönbiehl war bereit, sämtliche Spielzüge ihrer Bridgepartie vom Vorabend zu hören, die Probleme beim Vertrieb ihres Honigs zu erörtern, mit ihr gemeinsam den nutzlosen Neffen Martin Meier-Schönbiehl zu verunglimpfen. Ingelore aber schien getrieben von einem Thema, das Dr. Schönbiehl nur zu vertraut war und das er während der Reise in die Provence auf gar keinen Fall wiederbeleben wollte. Und jetzt hatten sie gerade mal den Dorfkrug passiert.

«Ich hab dich mit ihr gesehen.»

«Mein Gott, Ingelore. Das war ein Traum.»

«Es war unerträglich.»

Das Ortsausgangsschild von Büttenwarder zog an ihnen vorbei.

«Das ist alles so furchtbar lange her. Und es war auch alles ganz anders.»

«Das sagst du.»

«Ich hab es dir tausendmal erzählt!»

«Du hast mich tausendmal belogen!»

Sie durchfuhren die Göbengarster Marsch.

«Ich will aussteigen», erklärte Dr. Schönbiehl.

«Was?»

«Halt an. Ich will aussteigen.» Dr. Schönbiehl wusste, dass Ingelore imstande war, das missliebige Thema stundenlang weiterzubehandeln. Sie war so. Sie hatte nur wenige schlechte Eigenschaften. Aber die wenigen waren richtig schlecht. Natürlich: Er hatte mal einen Fehler gemacht. Der war aber nicht ganz so gravierend gewesen, wie Ingelore glaubte. Er wollte dafür nicht lebenslang angeprangert werden. Auch er hatte ein Recht auf Vergebung. Deshalb musste jetzt geblufft werden, überlegte er, als er allmählich gewahr wurde, dass Ingelore den Wagen tatsächlich zum Halten gebracht hatte. Sie standen mitten auf der Strecke nach Klingsiehl, also auf dem besten Wege zum nächsten Autobahnanschluss, also so gut wie in Frankreich, in der Provence, jetzt allerdings noch in der Göbengarster Marsch.

Ingelore sagte: «Bitte. Du wolltest doch aussteigen.»

Dr. Schönbiehl wusste, dass er jetzt keine Wahl hatte. Er betätigte den Türöffner und hievte sich, so elegant es nur eben ging, aus seinem Beifahrersitz. Es war um ihn herum geradezu ohrenbetäubend still, und die Sonne schien schon recht kraftvoll auf ihn herab. Er warf die Tür mit einem gewaltigen Knall zu. Jetzt hatte Ingelore die faire Chance, das Seitenfenster herunterzulassen und ihn zum Einsteigen zu überreden. Die Dramaturgie der Versöhnung hatte ihre Gesetzmäßigkeiten. Dr. Schönbiehl atmete in Erwartung der nahen Genugtuung tief ein. Als er ausatmete, war Ingelore etwa vierhundert Meter weitergefahren. Er sah ihr nach, wartete auf das rote Aufleuchten der Bremslichter, doch dann war der Wagen nicht mehr zu sehen.

Dr. Schönbiehl verharrte regungslos am Straßenrand zwischen Büttenwarder und Klingsiehl. Jeden Moment musste Ingelore zurückkommen und einlenken, dessen war er sicher. Aber die Zeit verging. Die Hitze machte ihm zu schaffen. Er setzte sich auf einen verwitterten Kilometerstein, der sich am Straßenrand befand, und lauschte in Erwartung eines näherdröhnenden Viertakters. Aber es blieb still.

Mehr als eine Stunde war vergangen, als er beschloss, nicht länger zu warten. Und es dauerte eine weitere Stunde, bis er wusste, was er stattdessen machen sollte.

Ausschlaggebend für seine Entscheidung war der Umstand, dass er außer den Hausschlüsseln nichts bei sich trug. Sogar seine Brieftasche hatte er in der Freizeitjacke gelassen, die wohl immer noch auf dem Rücksitz in seinem Pkw lag. Bedrückt und durch die Hitze einer Ohnmacht nahe, schleppte er sich die Landstraße zurück, die sie zuvor gefahren waren. Als er das Ortseingangsschild von Büttenwarder zu passieren im Begriff war, verhielt er den Schritt. War er nicht von jeher ein politischer Mensch gewesen? Jemand, der sein Erscheinungsbild pflegte, in der Hoffnung, es würde irgendwann mit seinem Innenleben zur Deckung kommen? Einer, der sich keine Blöße gab, keinen Fehler eingestand, und wenn, dann nur, um sich die Möglichkeit zu erhalten, noch größere Fehler zu begehen? Konnte er, Dr. Waldemar Schönbiehl, Notar und Bürgermeister, in dieser Verfassung vor sein Wahlvolk treten?

Verschwitzt und bargeldlos die Dorfstraße entlangkrauchen, um als gebrochener Eheknecht nach Hause zu gehen? Er hatte die Provence angekündigt! Wurden Politiker nicht an ihren Versprechen gemessen? Sollte er in aller Öffentlichkeit seine Niederlage einräumen? Niemals!

Bisher hatte ihn niemand gesehen. An diesem glücklichen Umstand, das sagte ihm sein politischer Instinkt, sollte sich besser nichts ändern. Also schlug sich Dr. Waldemar Schönbiehl, Notar und Bürgermeister, durch Büsche und Hecken, schlüpfte in das Rapsfeld, durchpflügte es zunächst voller Ungestüm, bald jedoch schon ermattet, verlief sich, stolperte, fiel auf die Knie, versaute sich seine Freizeithose, fürchtete den Sonnenuntergang, die einsetzende Dunkelheit und noch schwerere Stürze, fürchtete, man würde seinen Leichnam erst bei der nächste Ernte finden – da standen sie plötzlich vor ihm, die Vorposten seiner Trutzburg, die Schutzgarden seines Elysiums: die Bienenmagazine seiner Frau. Nie zuvor hatte er sich so gefreut, sie zu erblicken, denn hinter ihnen warteten sein Garten, sein Haus, sein Windsor Castle auf ihn.

Er beobachtete durch die tiefroten Blüten eines Rhododendrons Nachbarschaft und Straße. Alles war ruhig, kein Mensch außer ihm war offenbar um diese Zeit unterwegs. Nach einigen wenigen schnellen Schritten hatte er den Eingang erreicht, behände aufgeschlossen, war ins Haus hineingeschlüpft und hatte die Tür hinter sich zugedrückt. Erschöpft lehnte er an der Wand des Flurs, direkt neben dem gerahmten Kunstdruck «Sonnenaufgang mit Seeungeheuern» von William Turner, und wollte das Licht einschalten. Da durchzuckte es ihn förmlich: Fehler! Das Licht würde die aufmerksame Nachbarschaft auf den Plan rufen, würde Schimpf und Schande, Hohn und Gelächter Bahn brechen. Dr. Schönbiehl kannte sich gut genug aus, um auch im Dunkeln seinen Weg zu finden.

Nach all den Anstrengungen an diesem heißen Sommertag verspürte er unbändigen Hunger und einen nicht geringeren Durst. Vorsichtig tastete er sich in die Küche. Erst als er vor dem leeren Kühlschrank stand, fiel ihm wieder ein, dass Ingelore alle verderblichen Lebensmittel der Nachbarin gegeben hatte.

Ingelore!

Er blickte zum Telefon, dann nicht minder sehnsuchtsvoll durch einen Spalt der zusammengezogenen Vorhänge zur Auffahrt. Er wünschte, er könnte seine Frau herbeivisionieren. Doch das klappte nicht. Also ging er in den Keller. Dort befanden sich die Vorratsregale, dort stand die Tiefkühltruhe, und vor allem waren dort die Weine gelagert.

Mit einer Dose Goldmais und einer Flasche Bordeaux verbrachte Dr. Waldemar Schönbiehl die nächsten Stunden auf dem Boden sitzend im ersten Stock im Ankleidezimmer, dem einzigen fensterlosen Raum der Villa. Ein Lebenszeichen von Ingelore blieb aus, auch wenn es ihm manchmal schien, dass ein vertrautes Motorengeräusch sich aus der Ferne näherte. Als er die zweite Flasche aus dem Keller holte, machte er einen Zwischenstopp im Arbeitszimmer, holte – trotz Dunkelheit – zielsicher die Notiz zur Rede auf dem Sonderparteitag hervor, nahm Papier und Stifte an sich und kehrte in das Ankleidezimmer zurück. Hier begann er zu schreiben, das Festgehaltene zu bearbeiten und immer wieder zu lesen: «Hochverehrte Damen und Herren, liebe Parteifreunde, verehrter Herr Landesvorsitzender, ich danke Ihnen allen für die Einladung, an dieser Stelle einmal die Möglichkeit einer Grundsatzrede …»

An dieser Stelle hielt er inne, suchte erneut die Zeilen ab. Wie war das jetzt noch mal? «Einladung … annehmen zu dürfen …» Oder ist das schon zu devot? «Damen und Herren … Parteifreunde, Landesvorsitzender … Danke … Grundsatzrede …» Ja. Warum nicht? «Bevor ich zum Credo, zur Quintessenz meiner politischen ...» Halt: «... meiner langjährigen politischen Arbeit komme, möchte ich mich Ihnen mit wenigen Worten – das ist mein heiliges Versprechen ...» Bei «das» könnte ich ein bisschen lächeln, überlegte Dr. Schönbiehl ... «Dasssss» ... Nur ganz leicht lächeln, etwas selbstironisch ... «Dassss ist mein heiliges Versprechen ...» Wo war ich denn jetzt? Ach ja. «Vorstellen.» Genau. «1950 wurde ich Parteimitglied und kann sagen, dass meine Mitgliedsnummer noch im Hunderter-Bereich liegt, was viele von Ihnen mit Sicherheit sehr interessant finden werden ...» Oder auch nicht. Ich streich das mal. «1950 ... Parteimitglied, um, nachdem ich mich 1956 in meinem Heimatort Büttenwarder als Notar niedergelassen hatte, meine politische Verantwortung zu ... zu ...» Zu was? «Zu ... ergreifen.» Richtig: «Macht ergreifen ...» Nee. Um Gottes willen! «Meine politische Verantwortung ... zu übernehmen.» Natürlich. Übernehme! Übernehme die politische Verantwortung. Übernehmen. «Das war 1960. Seitdem nun lenke ich die Geschicke dieser politischen Keimzelle unseres Landes und darf sagen: Ich wurde immer wiedergewählt.» Da mach ich eine Pause, beschloss Dr. Schönbiehl bei Goldmais und Bordeaux kauernd im Ankleidezimmer, damit die Leute in Ruhe applaudieren können.

So schrieb er fort, die ganze Nacht. Als er aufwachte, war es bereits Nachmittag. Er stellte fest, dass er in der offenen Tür der Kammer lag. Geistesgegenwärtig musste er wohl kurz vor dem Einschlafen noch einen Dufflecoat von Ingelore vom Bügel gezogen und über sich gelegt haben.

Dr. Schönbiehl erhob sich etwas steif von seiner ungewohnten Bettstatt und widmete sich ausgiebig seiner Morgentoilette. Anschließend begab er sich erneut in den Keller, um nach etwas zu suchen, was ein Frühstück sein konnte. Da er das deutliche Gefühl hatte, die nächsten drei Wochen hier unter recht eingeschränkten Verhältnissen verbringen zu müssen, verschaffte er sich gleichzeitig einen Überblick über die Vorräte. Dabei stellte er schnell fest, dass seine zu Hamsterkäufen neigende Ehefrau insbesondere auf steigende Preise bei Senf, Goldmais, eingelegten Tomaten und Blätterteig gesetzt hatte. Das tiefgekühlte Brotvorkommen würde dagegen nach drei Tagen erschöpft sein. Weiterhin fand er in der Tiefkühltruhe einige Pizzen, Rippchen und Schweinekoteletts, Fische und Garnelen, Eiscreme und Torten. Der Schwerpunkt von Ingelores Einkaufspolitik lag hier aber eindeutig beim Rosenkohl. Dr. Schönbiehl hatte nie zuvor so viele Beutel mit Rosenkohl gesehen. Zum Frühstück hatte er immerhin die Wahl zwischen Englischem Teegebäck und Ingelores Weihnachtskeksen. Er entschied sich für das Teegebäck. Er kam vier Tage damit aus. Dann war auch der Kaffeevorrat erschöpft. Es gab noch etwas Fencheltee, den teilte er sich gut ein, weil er entschlossen war, nicht zu früh am Tag oder Abend mit dem Wein zu beginnen. Von dem gab es zum Glück reichlich. Aber dafür war ja auch stets er verantwortlich gewesen.

Bald hatte sich ein geregelter Alltagsablauf selbst unter diesen Bedingungen eingestellt. Er schlief bis zum späten Mittag, frühstückte eine Portion Rosenkohl und setzte dann seine Arbeit an der Rede fort. Am frühen Abend sorgte er für Belebung durch Wein, aß, was er fand, schrieb und redigierte bis spät in die Nacht. Als er nach einer Woche feststellte, dass er sich nicht mehr rasierte, dafür aber Selbstgespräche führte und den Mais direkt aus der Dose aß, beschloss er, zur Erhaltung der Disziplin und Ordnung fortan Zeugnis abzulegen in einem Tagebuch. Und so notierte er:

Achter Tag. Schlaf bis 13 Uhr 47. Habe mich rasiert. Gedanke an Theodor Heuss, als ich mich im Spiegel sah. Frühstück

Rosenkohl. Habe den Mittelteil meiner Rede fast fertig. Zum Mittag das letzte Schweinekotelett verzehrt. Musste unwillkürlich salutieren vor dem treuen Kameraden. Am Abend Côte de Beaune, 2003. Dazu Mais mit Senf. Einleitung überarbeitet.

Dr. Schönbiehl wagte es nicht, die Vorhänge zu öffnen. Er ging auch nicht ans Telefon, das einige Male läutete. Und das alles nur, so überlegte er dann und wann, weil er einige Jahrzehnte zuvor mit einer sehr attraktiven jungen Frau in einem Bett übernachtet hatte. Nicht geschlafen hatte mit ihr, wie Ingelore immer wieder unter Tränen anklagte, und nicht in einer Absteige, sondern in einem teuren Hotel, und nicht voller Lust, sondern voller österreichischer Schnäpse, und nicht, weil er jene Frau für ungeheuer anziehend hielt, sondern ihr Zimmer für das seine. So etwas konnte doch mal passieren! Aber was nützte schon die Wahrheit?, fragte er sich oft und dachte an Ingelore wie an einen Justizirrtum.

Nicht weniger häufig wanderten Dr. Schönbiehls Gedanken in seinen langen einsamen Stunden auch zu Brakelmann, der bisher entgegen allen Absprachen kein einziges Mal den Rasen oder die Blumen gegossen hatte, zu Adsche und Kuno. Und natürlich zu Shorty, dem Einzigen in Büttenwarder, der ihm intellektuell gewachsen war. Obwohl Dr. Schönbiehl abgeschottet hinter geschlossenen Vorhängen allein in seiner Villa, seinem Windsor Castle, seinem Zuhause saß, empfand er zu seiner eigenen Überraschung ein starkes Heimweh. Und schrieb für seine Rede:

«Der Mensch befindet sich die meiste Zeit seines Lebens in der Krise. Er scheitert an seinen Wünschen, wird zurückgeworfen in eine banale Wirklichkeit, wieder aufgewühlt von ewigen Sehnsüchten, vertröstet durch falsche Versprechungen. In seinem ständigen Kampf darum, seiner kleinen

Existenz Größe zu verleihen, irrt er oft sein ganzes Leben lang umher, bleibt ein Getriebener, einerseits seinen Träumen, andererseits den engen Grenzen seiner Möglichkeiten ausgeliefert. Allein und verloren, so, meine hochverehrten Damen und Herren, sehe ich den Menschen. Was, so frag ich, kann hier helfen? Kann den Menschen erheben? Ihn an dem Köstlichen teilhaben lassen, nachdem er sich so sehnt? Meine Antwort ist: Wir können das nur zusammen schaffen. Nur durch herzliche Anteilnahme, selbstverständliche Loyalität, durch Toleranz und Nachsicht und im vollen Respekt voreinander und vor der Tatsache, dass wir alle nur für begrenzte Zeit auf diesem wundervollen Planeten leben, nur so werden wir unser Leben adeln können.»

Als die zweite Ferienwoche zu Ende ging, änderte sich die Stimmungslage. Dr. Schönbiehl notierte in sein Logbuch:

> *Fünfzehnter Tag. Flaute. Spüre Meuterei in den Gedärmen. Frühstück Blätterteig mit eingelegten Tomaten. Dann Arbeit an der Rede. Kürzungen notwendig. Pathos peinlich. Mittagessen Rosenkohl. Dann Côtes du Rhône, 1998. Korkig. Barolo, 1994. Korkig. Was soll ich noch alles ertragen? Schließlich Schnaps aus dem Arbeitszimmer. Dazu Rosenkohl mit Senf und Blätterteig. Kürze die Rede.*

Am einundzwanzigsten Tag wurde die Haustür aufgeschlossen. Ingelore ließ die beiden Reisetaschen sofort fallen, als sie die ersten Anzeichen der Verwahrlosung, die in der Villa stattgefunden hatte, wahrnahm. Ihren Mann fand sie schlafend im Bett. Um ihn herum Hunderte von handschriftlich gefüllten Seiten, allesamt durchgestrichen. Nur drei Zeilen, die abrupt abbrachen, hatte der Autor offenbar übersehen: «Die Welt ist voller Argwohn, Missgunst und Habsucht. Wann endlich besinnen sich die Menschen wieder auf die wahren Schätze unseres Lebens, auf Anstand, Großzügigkeit und Nächsten …»

Ingelore beugte sich liebevoll zu ihrem Mann herab. Als er an der Landstraße stand, so ergab später die Rekonstruktion, war sie sofort im weiten Bogen um Büttenwarder herum nach Hause gefahren und hatte ihn dort mit einem Lächeln erwartet. Als er sich durch die Rapsfelder schlug, hatte sie die Landstraße nach ihm abgesucht. Als er sich zu Hause einrichtete, fuhr sie in die Provence, in das Hotel, das sie gebucht hatten. Von dort aus hatte sie ihn immer wieder angerufen.

Dr. Schönbiehl war noch immer müde, als er kurz die Augen aufschlug. Er lächelte dankbar und sagte Ingelore leise: «Das hier … das hier darf niemals irgendjemand erfahren.»

Sie versprach es ihm sofort.

VIII
Eine hysterische Schwangerschaft

Es hatte die ganze Nacht hindurch geschneit. Der zugefrorene Dorfteich dröhnte dumpf unter der Last des Neuschnees, und selbst die Krähennester, die im kahlen Eichengeäst steckten, waren in glitzerndes Weiß getaucht. Winterliche Stille herrschte in Büttenwarder. Und während draußen die Eichhörnchen aus ihren Vorratskammern Haselnüsse in ihre Winterquartiere schafften und mancher Keiler die Rauschzeit nutzte, um sich eng an eine empfangsbereite Bache zu schmiegen, wurde im Schuppen des Dorfkrugs eifrig ein Bühnenstück eingeprobt, das in wenigen Tagen schon dem interessierten Publikum dargeboten werden sollte. In Zeiten, an die sich nur noch die wenigsten im Dorf erinnern konnten, war die Scheune Schauplatz ausschweifender Tanzveranstaltungen gewesen. Aus jenen Tagen rührten die Bestände an Bierbänken, die nun, in Reih und Glied aufgestellt, den Zuschauerbereich markierten, sowie auch einige Podeste. Sie waren schnell zusammengestellt und boten den Schauspielern eine respektable Bühne.

Das Stück in nur einer Nacht herunterzuschreiben war Brakelmann leicht gefallen, denn Schreiben war für ihn keine Kunst. Und trotzdem empfand er Stolz, wenn er es gelegentlich noch einmal in seinem vollen Umfang las.

DIE WEIHNACHTSGESCHICHTE
THEATERSTÜCK VON KURT BRAKELMANN

So stand es in Großbuchstaben oben drüber. Darunter war dann das gesamte Krippendrama hingetippt, und zwar wie folgt:

Josef und Maria gehen mal dahin, mal dorthin.

JOSEF:
Morgen müssen wir gezählt werden. Du weißt ja: Deshalb sind wir hierhergekommen.

MARIA:
Ich bin schwanger!

JOSEF:
Niemand gibt uns ein Quartier. Komm, wir schlafen im Heu.

MARIA:
Gleich kommt dann ja wohl auch das Kind …

Josef und Maria setzen sich hin. Maria hält ein Kind in die Höhe.

MARIA:
Schau, das Kind! Es ist da!

JOSEF:
Das kann ja nur das Christkind sein!

MARIA:
Und da der Stern!

Weiter weg. Irgendwo in der Wüste gehen Caspar und Melchior zu Balthasar.

CASPAR:
Ich grüße dich, Balthasar!

BALTHASAR:
Caspar ... Melchior ... Wohin des Weges?

CASPAR:
Nach Bethlehem. Wir müssen dem Stern folgen.

MELCHIOR:
Komm doch einfach mit.

Sie gehen zu Josef und Maria.

MELCHIOR:
Guck mal da: der Stall!

CASPAR:
Oh, wie feierlich!

BALTHASAR:
Gottes Sohn ist geboren!

MELCHIOR:
Halleluja.

– ENDE –

Brakelmann hatte sich die Rolle des Josef auf den Leib geschrieben, als einen männlich-vitalen Typ, der immer wusste, wo es langging. Kein Quartier – kein Problem –, wo ist der Stall? Das war im Grunde genommen er, Brakelmann. Ein nutzenorientierter Macher, ein im Hier und Jetzt vollorientierter Problemlöser. Die Rolle half Brakelmann in gewisser Weise sogar, sich selber klarer zu erkennen. Erst durch Josef wurde Kurti noch ein Stückchen mehr Kurti, also: kurtiger. Wobei er selbst sich solche Gedanken keine Sekunde machte. Eine gewisse Komplikation jedoch tauchte bald auf. Die Proben zeigten schnell, dass Brakelmann große Schwierigkeiten hatte, sich seinen Rollentext einzuprägen, und er deshalb immer wieder so behände wie ein Biber im Vollwaschgang und zur Verwirrung seiner Mitspieler herumimprovisierte. Wenn sein Stück vorsah, Josef sagen zu lassen:

> Morgen müssen wir gezählt werden. Du weißt ja: Deshalb sind wir hierhergekommen.

Dann konnte es passieren, dass Brakelmann an irgendeiner Stelle aus dem Text herausruderte und rief:

> Morgen müssen wir gezählt werden. Du weißt ja: Deshalb läuft das hier … die ganze Chose.

Oder:

> Morgen müssen wir mal, nä, du weißt schon. Hier … nä? Sag schon. Und dann geht das aber los. Jou, du. Dann aber richtich! Ich sag nur: Krippe.

Oder:

Wir sind ja deswegen ... wegen diesem ... das ... Du weißt schon. Hergekommen. Hier ist jetzt ja so was von Heilige Nacht. Und morgen, nä? Morgen ist wieder 'n ganz anderer Tach ... Jaaa, da ist 'n gannnnz anderer Tach. Oder hab ich recht?

Brakelmann hatte deswegen kein schlechtes Gewissen und nahm, taktisch gewieft wie eh und je, seinen genervten Mitspielern den Wind aus den Segeln, indem er wiederum sie kritisierte, korrigierte, dirigierte. Mit anderen Worten: Er war nun auch noch Regisseur. Und als solcher musste er jetzt sehen, wie Dr. Schönbiehl sich in der Rolle des Balthasar, eine hastig selbst gebastelte Papierkrone auf dem Kopf und einen dünnen langen Ast vom Vorhof des Dorfkrugs als Wanderstab in der Hand, mit dem dramatischen Gewicht des erfahrenen Volksredners an die Rampe der kleinen Bühne schob.

«Die Welt», deklamierte der Bürgermeister feierlich, «ist voller Argwohn, Missgunst und Habsucht. Wann endlich besinnen sich die Menschen wieder auf die wahren Schätze unseres Lebens, auf Anstand, Großzügigkeit und Nächsten ...»

Brakelmann ahnte, dass sein auf die Geburt Jesu fokussiertes Inszenierungskonzept aus dem Leim zu gehen drohte.

«Es reicht!», rief er also dazwischen. Und Adsche, Kuno und Shorty, die mit ihm vor der Bühne standen, mochten in diesem Moment innerlich nicken.

«Meine Güte», erwiderte Dr. Schönbiehl. «Ich hab ja nur versucht, etwas Qualität ...»

«So viel Qualität brauchen wir nicht», beschied ihm Brakelmann und gab Shorty und Kuno ein Zeichen, ihren Auftritt zu proben. Auch sie trugen selbst gebastelte Papierkronen und jeder einen langen Ast. Kuno allerdings hatte in Shortys Holzschuppen einen deutlich dickeren Ast gefunden, mit dem er wie beim Stockkampf hantierte, als er mit dem Wirt auf Dr. Schönbiehl zutrat.

«Ich grüße dich, Balthasar», rezitierte Shorty steif aus Brakelmanns Manuskript. Er legte seine Figur des Caspar als einen Mann an, der das Volk liebte und seine Kollegen in der Aristokratie als Kretins verachtete, aber auch Abscheu vor sich selbst empfand, weil er diese innere Zerrissenheit nicht bewältigen konnte und sich dadurch unliebsam erinnert fühlte an seinen Vater, der ein impotenter Despot gewesen war und Mordphantasien geweckt hatte, für die Caspar eine tiefe Scham empfand. Wer genau hinhörte, spürte, wie stimmig Shorty diese ambivalente Figur auf die Bühne brachte, als er sagte: «Ich grüße dich, Balthasar.»

«Caspar … Melchior …», entgegnete verabredungsgemäß Dr. Schönbiehl. «Wohin des Weges?» Er hatte von dem ständigen Gequatsche einen trockenen Mund und wollte jetzt schnell zum Feierabendbier übergehen.

«Nach Bethlehem.» Shorty spielte noch mit, als Kuno sich schon mit flehentlicher Miene an Brakelmann wandte. «Können wir nich machen, dass Caspar und Melchior verfeindet sind?»

«Nein», meinte Brakelmann. Eigentlich wäre ihm eine zusätzliche Nebenhandlung durchaus recht gewesen. Das Stück war so kurz, dass die Zuschauer praktisch keine Chance hatten, nur den Anfang zu verpassen. Aber er konnte Kuno jetzt nicht das Gefühl geben, er, Brakelmann, würde eine Idee von ihm für gut befinden und aufgreifen. Wer hatte denn hier die oberste Leitung, war Autor und Regisseur und Hauptschauspieler? Doch wohl Brakelmann! Er würde es sein, der zu gegebener Zeit Kuno diesen Vorschlag machte. Und Kuno wäre dann gut beraten, so zu tun, als sei er überrascht von dieser brillanten Idee. Und deswegen, nur deswegen, sagte er nein und sagte es auch, als sie wenige Momente später von der Bühne zum Tresen gezogen waren und Kuno weitergreinte:

«Du hast gesacht, es gibt *eine* Action-Szene! Wenigstens eine!»

«Hab ich nie gesacht!»

«Melchior und Caspar sind nämlich in Wahrheit Todfeinde und haben Blutrache geschworen ...»

«Ja, ja.»

Kuno blickte um Hilfe heischend auf zu Shorty, der hinter dem Tresen eine Reihe appetitlicher Biere anrichtete, und flehte ihn an:

«Bidde, Shorty. Du bist mein Zeuge. Er hat es gesacht!»

«Ja, ja», tröpfelte es über die Lippen des zumindest in diesem Punkt gänzlich leidenschaftslosen Wirts.

Kuno begriff, dass nur ein dramatischer Abgang seinem Begehren Nachdruck verleihen könnte. Er löste sich mit verletzter Miene vom Tresenhocker, erklärte knapp, er müsse weiter, verabschiedete sich mit einem «Bis morgen», ging vorbei an Adsche, der mit Dr. Schönbiehl an einem der Tische saß, und verließ die Gaststube letztlich doch unbemerkt. Adsche war auch nach dem Ende der Probe weiterhin ganz Frau, legte sein Kopftuch nicht ab und blickte ungewohnt leutselig drein. Und er war auch noch ganz schwanger, trug weiterhin sein Kissen unter der groben Strickjacke. Aufmerksam lauschte er, als der Bürgermeister ihm im vertraulichen Ton von den Geburten in seinem Hause berichtete:

«Und als unser Großer damals geboren wurde, platzte meiner Ingelore die Fruchtblase.»

«Und dann?»

Dr. Schönbiehl ergänzte sachlich: «Verlor sie das ganze Fruchtwasser ...»

Adsche ließ diese Informationen tief in sich einwirken.

«Interessant. Sach ma, Bürgermeister – wie bewegt sich eigentlich 'ne Frau, wenn sie so schwanger is wie ich?»

Der Angesprochene erhob sich und machte ein paar Schritte durch den Gastraum, um den Gang zu imitieren.

«Tja, ich glaube, so ungefähr ...» Der greise Bürgermeister bildete ein Hohlkreuz und bewegte sich mit kleinen, breit gestellten Schritten.

Adsche stand ebenfalls auf und probierte es selbst.

«So?»

Dr. Schönbiehl spürte, dass er den Gang einer Schwangeren sehr überzeugend demonstriert haben musste, wie sonst war zu erklären, dass Adsche ihn jetzt nahezu vollendet imitierte.

«Ja. Gut, Adsche. Und die Hand ein wenig ins Hohlkreuz ... Ja, genau.»

Am Tresen wandte sich Shorty, den das Polieren der Gläser nicht vollständig auslastete, mit leise bohrender Neugier an Brakelmann. «Nun erzähl doch mal. Die Eintrittsgelder werden gespendet. Schön. Aber das ist doch nicht alles. *Wer* kriegt jetzt von uns *was* zu Weihnachten?»

Brakelmann sinnierte kurz und entgegnete dann festtagsmilde. «Also, Kuno kriegt 'ne Action-Szene ... Adsche die Rolle seines Lebens ...»

Brakelmann und Shorty blickten kurz zu Adsche, der im Zusammenspiel mit Dr. Schönbiehl weitere feine Details beim Schwangerengang herausarbeitete.

«Und unser Bürgermeister», fuhr Brakelmann fort, wieder ganz Shorty zugewandt, «hat die Gelegenheit, den Leuten das mitzuteilen, was er immer schon mal sagen wollte.»

«Was Erhabenes ...»

«Und du», meinte Brakelmann endlich, «du kannst rund um das Krippenspiel die Gastronomie auskosten.»

Shorty nickte gewieft. Die Preisgestaltung beherrschte seit Tagen seine Gedanken.

«Und du? Was hast du von dem ganzen Weihnachtszauber?»

Brakelmann lächelte so anmutig und bescheiden wie eine Maikönigin.

«Ich? Ach, ich mach nur das Organisatorische ...»

Tatsächlich hatte der Bürgermeister allzu selbstgewiss Brakelmann den geschäftlichen Teil überlassen. Zwar war die Höhe der Eintrittspreise klar geregelt worden und die wohltätige Verwendung der Einnahmen aus dem Ticketverkauf unmissverständlich geklärt. Brakelmann jedoch war nicht der Typ, der Chancen auf einen finanziellen Durchbruch ausließ. Und so verkaufte er natürlich vereinbarungsgemäß über seinen auf den Werbeplakaten angegebenen privaten Telefonanschluss die Eintrittskarten zum Spottpreis: zwei Euro für Erwachsene, ein Euro für jedes Kind. Aber gehörte zu einem weihnachtlichen Kulturerlebnis nicht auch ein Programmheft? Ein Glühwein in der Pause? Ein sicherer Parkplatz vor dem Veranstaltungsort und eine Sitzreservierung? War es nicht mehr als angemessen, für die Verknüpfung all dieser Dienstleistungen einen Komplettpreis von, sagen wir, 32 Euro zu verlangen? Pro Person?

Aber klar doch!

Die Vorbestellungen liefen, und Brakelmanns Freude auf den Heiligen Abend wuchs in den deutlich dreistelligen Bereich.

Die Proben gingen unterdessen mit unverminderter Eigendynamik weiter. Einen Tag vor der Generalprobe wuchs die innere Anspannung unter den Schauspielern spürbar, und die Weihnachtsgeschichte von Brakelmann hatte sich unaufhörlich weiterentwickelt. Wenn jemand mitgeschrieben hätte, wäre dabei folgender Text entstanden:

Josef tritt auf die hochschwangere Maria zu.

JOSEF:
Niemand gibt uns ein Zimmer. Ich weiß schon gar nich mehr, wen ich noch belatschern soll …

MARIA:
Josef, ich bin so in Sorge, dass vielleicht meine Fruchtblase platzt!

JOSEF:
Du musst mich mal irgendwo hinlegen, nä? Wo du mich ausruhen kannst. Ich meine: nicht ich mich, sondern du dich da, wo du dich …

MARIA:
Wenn es erst mal so weit ist, dann verlier ich mein Fruchtwasser!

Maria lässt sich von Josef kreuz und quer über die Bühne führen. Balthasar tritt an die Rampe und spricht zum Publikum.

BALTHASAR:
Die Jugendlichen von heute denken nur an sich!

JOSEF:
Da is ja ’n Stall! Da muss es sein! Das Heu, von dem ich immer geredet hab! Da legen wir uns hin!

MARIA:
Mein Muttermund! Er öffnet sich!

Balthasar:
Aber man muss auch mal älteren Leuten den Vortritt lassen. Und nicht immer leere Kartons in den Hausmüll werfen oder die Hunde mitten auf den Gehweg *(zögert kurz, dann voller Ekel)* kacken lassen. Das alles hat mit Weihnachten nichts zu tun.

Josef:
Wenn das kein Stall ist! Alter Tregger! Jetzt geht das aber los hier!

Maria:
Mein Muttermund! Wie ist es nur wunderbar!

An Balthasar vorbei tritt Melchior, einen dicken Ast schwingend, bedrohlich auf Caspar zu. Er spricht mit rauer Stimme, seine Augen funkeln gefährlich.

Melchior:
Hör gut zu, Caspar. Ich sage es dir nur einmal: Mein Name ist Melchior. König Melchior. Und diese Myrrhe gehört mir!

Josef:
Jetzt sind wir ja wohl gleich da! Also im Stall!

Maria lehnt sich an Josef und veratmet Wehen.

Maria:
Ich freu mich so auf die Geburt. Das ist immer der schönste Moment im Leben einer Frau …

Melchior schwingt kraftvoll den Stock und erwischt Caspar am Kopf.

CASPAR:
Du hast mich getroffen! An meinem Jochbeinfurunkel! Du Vollidiot!

Caspar stürzt sich auf Melchior. Im erbarmungslosen Bodenkampf rollen sie, ineinander verschränkt, zur Seite der Bühne. Josef und Maria steigen anmutig über die beiden hinweg.

MARIA:
Ich hab so ein Ziehen im Unterleib. Es kommt jetzt alle zwei Minuten!

JOSEF:
Jetzt sind wir im Stall! Ja! Ja, da ist er ja! Der Stall ...

Balthasar tritt an die Rampe und spricht zum Publikum.

BALTHASAR:
Und bei Streitigkeiten empfehle ich die gütliche Einigung bei einem Notar wie Dr. Waldemar Schönbiehl in Büttenwarder. Eine Beratungsstunde kostet nicht mehr als lumpige 250 Euro. Nutzen Sie den Weihnachtsrabatt!

Stunden waren mit den Proben ins Land gegangen. Kaum einer hatte dem anderen zugehört, zu mitgerissen war jeder von den spielerischen Möglichkeiten seiner eigenen Rolle. Darüber war es Abend geworden. Erschöpft hatten sich alle nach und nach verabschiedet. Nur Brakelmann saß noch allein und versonnen und ganz still am Tresen beim letzten Feierabend-Gedeck. Hinter dem Tresen schrieb Shorty mit weicher Kreide auf einer Schiefertafel die Details seines Weihnachtsmenüs.

«Weihnachtsgans satt mit Rotkohl und Kroketten – was würdest du sagen, was es kosten sollte?»

«15 Euro?»

Shorty lächelte souverän. «50 Euro.»

«Warum ist eigentlich Adsche so früh abgehauen?», fragte Brakelmann und war sogleich selbst überrascht, dass er das überhaupt wissen wollte.

«Er meint, er darf in der neununddreißigsten Schwangerschaftswoche nich mehr so viel saufen», erwiderte Shorty.

«Mmmh.»

«Manchmal denk ich, Adsche nimmt das ’n bisschen zu ernst …»

Shorty notierte liebevoll den frischersonnenen Wucherpreis, da betrat ein junger Mann den Schankraum und setzte sich neben Brakelmann an den Tresen. Seit zwei Tagen logierte er mit seiner nicht minder jungen Freundin im Dorfkrug. Jetzt bat er Shorty um ein Bier und fragte zugleich, ob er einen ausgeben dürfe. Dagegen hatten weder Shorty noch Brakelmann ernsthafte Einwände.

«Meine Frau schläft», erklärte er, während Shorty bereits zapfte. «Da dachte ich …»

Die Männer lächelten einvernehmlich. «Also, wir sind nicht wirklich verheiratet», fügte der junge Mann schnell hinzu. «Aber wir wollen zusammenleben. Auf jeden Fall. Ganz egal, was ihre Eltern sagen.»

Brakelmann spürte eine Anspannung von den Haarspitzen bis in die Zehen. Jetzt musste er seine Reaktionen gut dosieren. Seine Offenheit musste etwas Abschließendes haben. Einerseits wollte er das kostenlose Bier nicht riskieren, andererseits aber auch den Kostenträger nicht zu einem Redeschwall animieren. Das war ein psychosozialer Spagat, der streng genommen mit einem Bier nicht wirklich vergütet war. Brakelmann nämlich hatte eine angeborene Scheu vor Leuten, die insbesondere am Tresen seiner Stammkneipe zu viel quatschten, sich in Details, in glanzvollen Eigenbetrachtungen verloren. Glücklicherweise beschränkte sich der junge Mann aber auf Andeutungen darüber, dass die Vorfreude des jungen Paares auf ein nicht näher bezeichnetes Ereignis in der nahen Zukunft den Eltern der jungen Frau möglicherweise wenig behagen könnte. Brakelmann hatte kein Wort verstanden. Und beließ es dabei. Dann konnte endlich getrunken werden.

Kurz darauf verabschiedeten Shorty und sein junger Gast Brakelmann vor der Tür des Dorfkrugs. Sie alle genossen die frische, kalte Luft in ihren Lungen und auf ihrer Haut. Brakelmann trat schon zum Gemeinschaftsmofa. Es stand neben einem schrottreifen Kleinwagen, der offenbar dem jungen Paar gehörte. Da blickten sie alle noch einmal, von einem unvermittelten Glücksschauer erfasst, zum Sternenhimmel auf.

«Ist es nicht wunderbar, dass wir Weihnachten haben?», fragte der junge Mann.

Brakelmann und Shorty wechselten einen durchaus gerührten Blick, und Brakelmann stimmte ihm zu mit einem «Hm», und Shorty sagte «Ja».

So ging man auseinander. Shorty schloss ab, löschte das Licht und stieg hinauf in seine kleine Dachwohnung. Brakelmann durchschnitt mit seinem Mofa die klirrende Kälte und erreichte seine ausgekühlte Bauernstube, wo er sich noch im Mantel unter die Pferdedecke aufs Sofa warf und sofort einschlief. Und in dem nur vom Sternenlicht erhellten Gästezimmer des Dorfkrugs legte sich der junge Mann vorsichtig zu seiner Geliebten ins Bett. Schläfrig wandte sie sich zu ihm um, er küsste sie zart und strich liebevoll über ihren sehr schwangeren Bauch.

Nicht weit von ihnen entfernt, betrachtete Dr. Waldemar Schönbiehl, in seinem Sessel sitzend, Ingelore, die bereits tief schlafend vor ihm im Bett lag. Ja, sie war manchmal etwas aufbrausend, manchmal härter, als ein Mann es sein konnte, vor allem, wenn sie, was mehrmals am Tag geschehen konnte, ihn strafend ansah. Lange hatte er geglaubt, die Blicke stünden in Zusammenhang mit seinen Besuchen im Dorfkrug. Aber sie sah ihn genauso an, wenn er des Abends eine Flasche Rotwein entkorkte oder in der Hausbar den Calvados hervorholte. Oder einfach so mal im Garten einen Digestif trank oder ein Champagner-Frühstück genoss. Sie verstand auch keine Witze und schummelte beim Kartenspielen. Ihr Geschäftssinn erschien manchmal selbst ihm etwas übertrieben. Sie war viel klüger als er. Und trotz all dieser Eigenschaften liebte er sie. Niemand konnte ihn so sentimental stimmen wie seine Frau, wenn sie nachts ruhig schlafend vor ihm im Bett lag. Niemand gab ihm ein so tiefes Gefühl für den langen Ritt seines Lebens wie sie.

Kuno schlummerte in seinem Jugendbett. Vor dem Einschlafen hatte er wie stets mit großer Ernsthaftigkeit Killerkralle gebeten, von ihm abgeholt zu werden, in seinem Traum, zu einem Abenteuer. Heute Nacht erschien ihm jedoch stattdessen eine dralle, völlig unbekleidete junge Frau, die in einer der Pferdeboxen vor ihm kniete, um ihm seinen Hosenbund zu richten. Nun gut. Vielleicht würde es ja in der nächsten Nacht klappen.

Auch Adsche träumte. Er war in seinem Sesselstuhl eingeschlafen, einem Möbel von unbestimmbarer Farbe und modrigem Geruch. Es war so dunkel in dem Raum, dass er das Foto von Gerlinde Ködenbrök an der gegenüberliegenden Wand, den vermutlich kostbarsten Einrichtungsgegenstand in seinem Ambiente, nicht mehr hätte sehen können. Adsche träumte, dass sie ihn anfeuerte, als die Presswehen einsetzten, sie die Nabelschnur durchschnitt, als der kleine Racker laut schreiend das Licht der Welt erblickte. Danach anerkannte Gerlinde dann feierlich die Mutterschaft. «Vaterschaft», hauchte Adsche im Schlaf. «Ich bin doch schon die Mudder ... Und man hat nur eine Mudder ... Was ist das denn jetzt wieder für 'n Quatsch?»

Shorty saß noch lange beim spärlichen Licht seiner Schreibtischlampe an seinen Kassenabrechnungen. Er hatte einen Plan. Er wollte es zu einer bestimmten Summe an Sparguthaben bringen. Die Münzen häufte er mal da, mal dort, zählte die Scheine, teilte und bündelte sie, bilanzierte und rechnete hoch. Die Tageseinnahmen hatten aus 82 Euro und 40 Cent bestanden sowie einigen sinnlosen Strichen auf Brakelmanns Deckeln. Auf denen von Adsche hatte er keine verzeichnen können, der trank ja zurzeit nichts mehr. Shorty plante keine größeren Investitionen. Es gab keine Kinder, denen er eine kostspielige Freude hätte machen können, keine Exfrau war würdig, von ihm aus einem finanziellen Elend gerettet zu werden. Gegen das Risiko, irgendwann wegen seines Steißbeinkatarrhs oder seiner Schleimbeutelkoliken behandelt werden zu müssen, war er reichlich überversichert.

Nachvollziehbare Gründe für seinen pekuniären Ehrgeiz gab es also nicht. Vielleicht wollte er nur nach all den Bieren und Schnäpsen, den von ihm hergerichteten Bratkartoffelgerichten und Eintöpfen, die die Gedärme seiner Gäste durchwirkt hatten, etwas Bleibendes schaffen. Einen Kontostand, zum Beispiel. Aber vielleicht musste er das angestrebte Sparguthaben auch erst erreichen, um bereit zu sein für ein großes Abenteuer, von dem er manchmal spürte, dass es irgendwann auf ihn zukommen würde. Eines Tages. Etwas total Verrücktes, etwas, das ihn aus seiner ewigen Umlaufbahn von herbeispekulierten körperlichen Gebrechen herausholen würde.

Brakelmann wiederum schlief unruhig in dieser Nacht. In seinem Traum war er mit einem überdimensionalen Klebestreifen auf einer ebenso überdimensionalen Langspielplatte festgeklebt. Die Platte drehte sich unter dem näherrückenden Tonabnehmer, und dazu erklang in verzerrtem Staccato: «Der Durchbruch, der Durchbruch, der Durchbruch, der Durchbruch ...» Brakelmann wachte in dieser Nacht mehrmals auf, rieb sich den Schweiß von der Stirn, schlief wieder ein und landete immer wieder im selben Traum.

Am nächsten Morgen – es war der Tag der Generalprobe, und nur ein Tag blieb ihnen bis zur Premiere – standen alle dennoch recht ausgeschlafen in Shortys Scheune vor einer Kleiderkiste, die sie zuvor aus der Villa Schönbiehl abgeholt und die Dorfstraße entlang zum Dorfkrug geschleppt hatten. Kuno und Shorty trugen bereits ihre prächtigen Kostüme, weit wallende Königsgewänder. Kuno war das taubenblaue, bodenlange Kleid von Elvira Hansen zuteilgeworden. Es bestach mit seinen Ärmeln aus Brüsseler Spitze. Shorty wiederum trug eine feierliche Kombination aus der blauen Übergardine von Hermine Harksen, mit einem royalen Besatz eines Sofakissenbezugs aus den Beständen der Gerda Gröven. Der majestätische Eindruck wurde durch die funkelnden Blechkronen vollendet, deren Rutschfestigkeit Kuno mit einer lockeren Folge von Handkantenschlägen erprobte. Danach war er sicher, dass die edle Kostümierung einer actionreichen Kampfszene nichts von ihrer Wirkung nehmen würde. Dr. Schönbiehl hatte das letzte Gewand aus der Kiste gezogen und legte es an. Die Schlafzimmergardine aus dem Hause von Margot Stegger hatte er nie zuvor gesehen, das hätte er vor Ingelore jederzeit beschwören können, da er mit Margot einige Jahrzehnte zuvor immer in den Heizungskeller gegangen war. Die orangerote Tagesdecke aus dem alten Jugendzimmer ihres Sohnes Hans-Peter kannte der Bürgermeister ebenso wenig. Die Krönung dieser aristokratischen Kombination aus Tüll und Baumwolle bildete ein pfiffiges kurzes Cape aus Lammfellimitat.

«Also, Ingelore hat sich mit ihren Handarbeitsdamen wirklich ins Zeug gelegt», erklärte der Bürgermeister.

Brakelmann, der sein Josef-Kostüm bis in die Toleranzbereiche sämtlicher Nähte füllte und dazu den einst sehr schnell zum Fehlkauf erklärten Filzhut von Amanda Duttelmann trug – jetzt allerdings befreit vom Blumenbesatz, dafür zerbeult und mit einer rustikalen Kordel versehen –, musterte Dr. Schönbiehl argwöhnisch. «Einfach so?»

«Natürlich», erwiderte der Bürgermeister. «Geld gibt's hier doch nicht.»

«Das ist wirklich anständig», meinte Kuno.

Dr. Schönbiehls Miene war von vollendeter Milde. «Na ja, ist schließlich Weihnachten ...»

Er hatte sein Balthasar-Gewand angelegt und wendete sich der Bühne zu, sodass die anderen die hinten auf dem königlichen Cape angebrachte Aufschrift sehen konnten:

Lindenblütenhonig
Ingelore Schönbiehl

«Wo bleibt eigentlich Adsche?», fragte Kuno.

«Also, das würde ich auch gerne wissen», gestand Brakelmann.

Da ließ das Sirenengeheul eines Martinshorns die vier Männer aufblicken.

«Der sollte längst hier sein», meinte Brakelmann noch, dann sahen sie einander ahnungsvoll an, wandten sich um und traten aus der Scheune auf den Vorplatz, wo der Peterwagen mit dem Dorfpolizisten Peter am Steuer und Adsche auf dem Beifahrersitz soeben vorfuhr.

«Was ist denn jetzt kaputt?», fragte Brakelmann.

«Kann er euch selbst erklären», erwiderte Peter finster und half Adsche recht robust aus dem Wagen. Adsche wirkte durch das Kissen vor seinem Bauch sehr unbeweglich.

«Hat Radau gemacht», rapportierte Peter zu guter Letzt doch, da Adsche keinen Ton von sich gab. «In Klingsiehl. In 'ner Frauenarztpraxis. Wollte sich da partout untersuchen lassen.»

Peter schwang sich wieder hinter das Steuer und fuhr davon. Er musste noch vor Feierabend den vorbestellten Christstollen aus der Bäckerei in Drögenfeld abholen. Die Freunde blickten fassungslos zu Adsche. Der zierte sich nur kurz und erwiderte dann trotzig: «Ja. Ich wollte mal zum Dokter. Nur zu meiner Beruhigung.» Er lächelte bewegt und fügte hinzu: «Morgen ist doch Stichtach ...»

Adsche verfügte, von den meisten unbeachtet, über die kostbare Verbindung von Phantasie und Emphase, wie sie allein den größten unter den großen Künstlern vorbehalten ist. Er konnte mit seinen Erzählungen Tote zum Leben erwecken, fürwahr! Allerdings auch, das sei zugegeben, Lebende zu Tode langweilen. Er neigte zum Verfassen von Gedichten, konnte sich an seiner schönen Handschrift erfreuen, liebte die Betrachtung der Natur, und wenn er allein war, sang er oft. Das alles war schön und gut. Jetzt aber war eine Grenze erreicht.

Adsche, der mittlerweile am Tresen des Dorfkrugs saß, war umlagert von Brakelmann, Dr. Schönbiehl und Kuno. Auf der anderen Seite der Theke stand Shorty und arbeitete fieberhaft am Ausschank von Trost und Orientierung spendenden

Getränken. Eines davon, einen Köm, wie er klarer nicht sein konnte, reichte Kuno voller Fürsorge dem Scheinschwangeren.

«Adsche, nun trink doch mal 'n Köm.»

Adsche wendete sich ab mit einer Miene, als hätte er nie zuvor in seinem Leben von der wohltuenden Wirkung des Trunks Kenntnis genommen.

«Du bist ja gar nich mehr du selbst», meinte Shorty, die tiefe Sorge um seinen langjährigen Stammgast war aus jeder Silbe herauszuhören.

«Und nimm mal das bescheuerte Kissen weg.» Jetzt brachte sich auch Brakelmann mit seinem ganzen unverhohlenen Einfühlungsvermögen ein und machte Anstalten, seinen Freundfeind von dem Kissen notfalls gewaltsam zu entbinden. Adsche wehrte sich wie eine junge Löwenmutter.

«Lass das!», protestierte er.

«Du bist 'n Kerl, Adsche!», rief Brakelmann. «Hast du das vergessen?»

Dr. Schönbiehl machte etwas ganz anderes viel mehr Kummer. «Eines muss man sagen», raunte er, «in dieser Verfassung wird er uns morgen alle an die Wand spielen.»

«Du solltest das Bühnenbild aus meinem Schuppen hierher schaffen!» Brakelmann wandte sich, ungerührt von der Aussage des Bürgermeisters, weiter energisch an Adsche. «Und nicht in Klingsiehl beim Frauenarzt randalieren!»

Adsche blickte verletzt auf. Das flegelhafte Benehmen der anderen setzte ihm zu. In was für eine Welt würde er gebären?, dachte er verstört. Aber davon letztlich unverdrossen, machte er sich die Mühe, allen einen Einblick in sein von Hormonen durchwehtes Gefühlsleben zu schenken.

«Ich wollte nur Gewissheit haben, Brakelmann», verkündete er in dem feierlichen Ton einer werdenden Mutter, die alles besser weiß. «Und nich nur für mich.»

Brakelmann blickte zu dem Kissen, das Adsche vor dem Bauch trug. Dann sagte er, vielleicht zum ersten Mal ernsthaft bekümmert um den Freund: «Adsche, die Schauspielerei – die bekommt dir nich.»

«Während wir hier so rumstehen, kannst du da nicht 'n bisschen», regte Adsche zart an, «auf der Weidenflöte spielen?»

«Was?», fuhr Brakelmann auf.

«Dadurch entsteht auch 'ne Bindung zum Vadder.»

«Also, Adsche! Jetzt ist aber mal Schluss! Denk das bidde mal zu Ende! Beziehungsweise: zurück. Wie soll ich denn der Vadder geworden sein?»

«Ich muss mich hinlegen. Ich hab wieder so 'n starkes Ziehen.»

Alle konnten nun sehen, dass Adsche offenbar kein Verlangen mehr nach weiteren Auseinandersetzungen hatte, sondern Rücksichtnahme auf seinen Zustand genießen wollte. Man einigte sich daher, die Generalprobe mit einem auf zusammengeschobenen Bierbänken ruhenden Adsche durchzuführen.

So irrte Josef allein über die Bühne, verzweifelt auf der Suche nach einem Stall und seinem Text, so gelang König Caspar beim Stockkampf eine Finte, die König Melchior drei Rippen prellte, und König Balthasar predigte von der defizitären Dankbarkeit seiner Wähler, welche sich in einem Mangel an Weihnachtspräsenten manifestierte. Während er aufzählte, was ihm in früheren Jahren an Rasierwasser, Krawatten, Gutscheinen und rotweinähnlichen Getränken zuteilgeworden war, verließen die anderen bereits den Probenraum, um zum verdienten Feierabend-Gedeck überzugehen. Sie waren mit ihrem Schauspiel schneller fertig geworden als der Bürgermeister.

Lange blieb Brakelmann allerdings nicht im Dorfkrug. Es zog ihn mit Macht heimwärts an seinen Küchentisch, wo er mit vor Erwartung glänzenden Augen am Telefon sitzen würde, um bis tief in die Nacht Vorbestellungen für das Büttenwarder Krippenspiel entgegenzunehmen. Die Liste der Reservierungen umfasste mittlerweile über zwanzig Familiennamen, hinter denen sich dreiundsiebzig Vollzahler und siebenunddreißig Kinder verbargen. Sie animierten Brakelmann zu Hochrechnungen, die ihn spät erst zu Bett taumeln ließen, mit einem glückseligen Lächeln.

Dann endlich war Heiligabend. In der Scheune war die Bühne noch nackt wie das neugeborene Christkind. Davor aber war immerhin der Zuschauerraum mit Bierbänken gefüllt, an der Decke baumelte ein Adventskranz mit vier brennenden Kerzen, ein Plastiktannenbaum stand mit blinkenden Elektrokerzen an der Kasse neben dem Eingang und sorgte für Besinnlichkeit. Dort auch hatte Dr. Schönbiehl einen Stapel Visitenkarten platziert und eine Pyramide aus Honiggläsern aufgebaut, daneben lagen aufgefächert die beschrifteten Briefumschläge mit den reservierten Eintrittskarten. Brakelmann trug sein Josef-Kostüm und saß mit den drei Heiligen Königen, Dr. Schönbiehl, Kuno und Shorty, auf der Rampe. Den ganzen Tag hatten sie geschuftet. Nun lauschten sie auf herannahende Motorengeräusche, auf aufgeregtes Kindergeschrei, auf die Schlupflaute frischgezogener Geldbörsen. Doch draußen war es nur winterlich still.

«Ich hab jede Menge Vorbestellungen. Die Eintrittskarten liegen alle da, die müssen nur abgeholt werden», erklärte Brakelmann mit einem leichten Unterton von Nervosität.

«Und *bezahlt* werden», ergänzte Shorty und stach damit mitten hinein in das Herz des Kulturunternehmers.

«Die kommen alle, um uns im Krippenspiel zu sehen. Weil heute Heiligabend is und die Leude was Besinnliches haben wollen.»

«Und was is jetzt mit Adsche-Maria?» Kuno manövrierte die allgemeine Aufmerksamkeit auf ein anderes Schlachtfeld.

«Ich will ja nich drängeln», stimmte Dr. Schönbiehl ein, «aber in einer Stunde geht's los.»

«Und wir haben nicht mal das Bühnenbild», bemerkte Shorty.

Schon wieder Adsche, dachte Brakelmann. Schon wieder dieser nichtsnutzige Antischauspieler, dieser Profiteur des Brakelmannschen Genies, dieser Quarkkopf!

«Ich hol mir den Kerl!», stieß Brakelmann hervor und ging kurz entschlossen hinaus. Die anderen blickten ihm nach. Dann löste sich auch Kuno von seinem Platz auf der Rampe und ließ sich in den Liegestütz sinken.

«Ich mach mich mal warm», meinte er.

Doch das hörte Brakelmann gar nicht mehr. Er stapfte bereits, getrieben von stiller Wut über seinen alten Freundfeind, durch den Schnee. Die Sonne war schon untergegangen – und zugleich war es hell, so kraftvoll strahlten die Sterne herab. Ihm war kalt. Und der Weg, der vor ihm lag, war einsam und weit. Brakelmann spürte, dass es ihm guttun würde, an etwas Warmes zu denken. An den letzten Sommer beispielsweise ...

IX
Mallorca an der Dohle

Wenn Brakelmann und Adsche vor dem Dorfkrug beim Frühschoppen saßen, drangen manchmal die dröhnenden Geräusche von Mähdreschern zu ihnen herüber, die in der Ferne, rund um Klingsiehl, auf den Feldern des Großgrundbesitzers Günter Griem, die Getreideernte einbrachten. Gewaltige Maschinen waren im Einsatz, trennten die Halme ab und schlugen die Körner aus den Ähren. Über den Äckern stand der Staub. Große Teile der Zuckerrübenernte waren vertrocknet, aber das Getreide hatte sich gut entwickelt. Und unermüdlich, Tag und Nacht, arbeiteten die Mähdrescher. Und wenn der Wind von Nordost blies, konnten Brakelmann und Adsche den Lärm sogar hören, wenn sie vor dem Dorfkrug beim Frühschoppen saßen.

Auf dem Vorplatz wurde an diesem strahlenden Augustmorgen eine Partie Pétanque gespielt. Dr. Schönbiehl und Shorty traten gegen Kuno und den Dorfpolizisten Peter an, der seine grüne Uniformjacke an die offene Fahrertür seines Streifenwagens gehängt und die Ärmel hochgekrempelt hatte, um nun mit hoher Konzentration und leichtem Effet seine Kugel zu werfen. Dr. Schönbiehl hatte sie zu der Partie inspiriert, die er mit schwelgerischen Erzählungen von seinem Urlaub in der Provence untermalte, wo alles nach Lavendel duftete, nach Kräutern und wilden Zwiebeln, wie er genau wusste.

Kuno stand bei der Zielkugel und ballte die Faust – Peter, der mit Dr. Schönbiehl und Shorty einige Meter entfernt am Abwurfpunkt verharrte, hatte ihr Team wieder in Führung gebracht.

«Wir sind vorn, Peter! Orr! Jetzt kommt Killerkralle!» Kuno lief zu den andern, um als Nächster zu werfen.

Seine Liebe zu Killerkralle hatte sich in diesem Sommer vertieft. Das lag auch an dem Sonderheft, das ihn in den Urlaub begleitet hatte. Wie jedes Jahr war Kuno mit Mutti nach Bad Gandersheim gefahren. Nichts hatte sich am gewohnten Ablauf geändert: Freibad, Muttis Sorgen, gemischtes Eis, Muttis Gallenproblematik, Mau-Mau auf der Terrasse der Pension, Muttis Glücklosigkeit, Doppelbett, Muttis Schnarchen. Und doch war etwas Entscheidendes ganz anders als zuvor. Sie hatten dieses Mal nicht mehr davon gesprochen, dass Kuno hier möglicherweise auf seinen Vater treffen könnte. Es interessierte ihn sowieso nicht mehr. Und Mutti, die all die Jahre das Hoheitswissen verwaltet hatte, nicht nur um die Identität des unbekannten Erzeugers, sondern auch um die Geschichte von Kunos Entstehung, war für ihn plötzlich ein anderer Mensch, war kleiner, ferner, fremder. Und im Vergleich zu ihr kam Kuno sich größer vor, klarer und weiter. Er spürte einen Ansatz zum Aufbruch wie nie zuvor. Dabei hatte er das immer vermeiden wollen: Niemals wollte er den gelassenen Muskeltonus der Naivität verlieren. Jetzt aber drohte der Rausschmiss aus dem Idyll seiner Kinderwelt, die Auslieferung an die ganze Banalität eines Erwachsenenlebens.

Doch da war ja noch Killerkralle. Das Sonderheft war dicker, die Abenteuer waren rauer. Kuno las langsam, widerstand allen Versuchungen, vorzublättern und einige Bilder vorab zu kosten. Und so begleitete er Killerkralle durch die Unterwelt, um Lucy zu befreien, die in die tödlichen Fänge von Mega-Man geraten war. Und diese unwiderstehliche Lektüre war für ihn in seiner Bedrängnis wie eine Korkweste in den höchsten Fluten.

«Überall Olivenhaine, Weinberge und darüber der blaue Himmel, der sich bis zum Meer erstreckt», plauschte Dr. Schönbiehl indessen.

Kuno stand neben ihm und wollte gerade zum Wurf ansetzen, als er von Shorty zur Seite geschubst wurde.

«*Ich* bin dran.»

Die Stimmung zwischen den beiden Kontrahenten war spürbar gespannt.

«Da kann man», fuhr Dr. Schönbiehl, an Shorty gewandt, fort, «mal die Seele baumeln lassen ... Wunderbar!»

Shorty hatte kein Interesse an der Reiselyrik des Bürgermeisters. Er war erfüllt von Rachegedanken. Allzu sehr hatte er sich an diesem Morgen über den Stallknecht geärgert, weil der nur höhnisch grinste, als er, Shorty, über eine Beckenbodenreizung geklagt hatte, die, wie er vermutete, Folge seiner chronischen Dickdarmverhärtung war. Für diesen Mangel an Mitgefühl sollte Kuno büßen. Er würde ihn heute noch schlagen, so oder so. Das stand für ihn fest.

Shorty visierte an, warf die silbrig schimmernde Metallkugel im weiten Bogen und ging ihr sogleich mit schnellen Schritten bis zum Landeplatz nach, dicht gefolgt von Kuno, der sogleich sah, dass es Shorty nicht gelungen war, seine Kugel an der von Peter vorbei besser zu platzieren.

«Unsere ist näher dran», rief Kuno Peter zu, der weiter bei Dr. Schönbiehl stand und ihm genauso wenig zuhörte wie die anderen zuvor, obwohl der Bürgermeister seine Worte nun direkt an den Dorfpolizisten richtete:

«Unser Hotel lag in einer bezaubernden Bucht in der Nähe von Cassis.»

«Quatsch», meinte Shorty zu Kuno. «Meine Kugel ist deutlich näher dran.»

«In der Provence spielt man Boule natürlich im Schatten von Platanen», ergänzte Dr. Schönbiehl seinen Bericht für Peter, der wiederum Kuno und Shorty nicht aus den Augen ließ und deshalb nicht den Fauxpas des Bürgermeisters bemerkte, der Boule, wie so viele, mit Pétanque verwechselte.

«Was ist denn jetzt?», rief der Schutzpolizist. Er war bereit zum Wurf der nächsten Kugel.

«Kannst du nich gucken?», fuhr Kuno, erhitzt nicht nur vom strahlenden Wetter, Shorty an.

«Besser als du!», war dessen schlagfertige Antwort.

Für Kenner der Szenerie sammelten sich die untrüglichen Anzeichen einer unmittelbar bevorstehenden Hauerei.

«Das alles lebt ja von der mediterranen Gelassenheit.» Dr. Schönbiehl träumte weiter der Provence nach.

Shorty nutzte unterdessen einen Moment der Unachtsamkeit seitens seiner Gegenspieler, um mit einer unauffälligen Bewegung seine Kugel näher an die Zielkugel zu manövrieren. Erst beim zweiten Hinsehen bemerkte Kuno das und schubste den Wirt mit einem ansatzlosen, beidhändig ausgeführten Stoß vom Tatort.

«Du hast sie berührt! Du hast sie weggeschoben!»

Shorty seinerseits schubste Kuno zurück.

«Das warst du selber!», rief er, nicht nur, um von sich abzulenken, sondern auch, um möglicherweise den Donnerkeil des Misstrauens ins gegnerische Team zu treiben, in jedem Fall aber, um Kuno durch falsche Anschuldigungen zur Raserei zu bringen. Sein Plan ging auf. Kuno und Shorty jedenfalls griffen sich einander nun munter an die jeweiligen Krägen. Peter indes kehrte seufzend in seinen Dienst als Dorfpolizist zurück und versuchte als solcher, die beiden Streithähne zu trennen. Eine Aufgabe, die vor allem Ausdauer erforderte.

Dr. Schönbiehl, davon unberührt, wandte sich den einzig verbliebenen Zuhörern zu, die nicht mit der Rauferei beschäftigt waren.

«Die französische Lebensart liegt mir ja. Der Genuss, das kultivierte Savoir-vivre», erklärte er Brakelmann und Adsche, die von einer Bierbank aus mit teilnahmsloser Miene das Gerangel der drei Männer verfolgten.

«Sogar das Licht in der Provence ist einzigartig. Deshalb haben so viele große Maler dort gearbeitet. Denkt nur mal an Chagall, Cézanne, van Gogh ...»

Brakelmann und Adsche hielten die Hände im Schoß, rührten sich nicht, blickten aber immerhin Dr. Schönbiehl an, wenn auch recht mürbe. Insbesondere Adsche wollte sich als würdiger Gesprächspartner erweisen.

«Ich hab mal gehört», sagte er deshalb, «dass die da ja wohl auch mit so Stichsägen das Holz aus Wohnzimmerschränken raussägen und daraus Klingelschilder machen.»

Dr. Schönbiehl ließ die Restluft raus und die Schultern hängen.

«Was machen die Franzosen?», fragte der weitgereiste Bürgermeister nach und fragte es, da befriedigende Antworten von Adsche ausblieben, noch immer, als sie einige Minuten später alle wieder einträchtig am Tresen des Dorfkrugs versammelt waren.

«Mit 'ner Stichsäge», beharrte Adsche. «Aus'm Wohnzimmerschrank. In Frankreich. Das bild ich mir doch nich ein!»

Shorty stand hinter dem Tresen und ordnete seine von der Rauferei zerwühlte Kleidung, er fühlte sich erfrischt und ausgeglichen. Kuno kühlte sich eine Blessur im Gesicht, Peter sein Gemüt mit einem Glas Milch.

«Drei Wochen Provence», sann Dr. Schönbiehl vor sich hin. «Ich wünschte, die Zeit wäre nie vorbeigegangen ...»

Einen Moment herrschte Stille, bis Brakelmann, den sehnsüchtigen Ton des Bürgermeisters aufnehmend, fortfuhr: «Ja, klar ... natürlich ... so 'n Urlaub ...»

Adsche mochte seinem Freundfeind nicht nachstehen und kommentierte ebenfalls recht tiefsinnig: «Das is schon 'ne feine Sache.»

Die anderen blickten Brakelmann und Adsche erstaunt an, was wiederum die beiden erstaunte. Da setzte bereits ein Grinsen ein, ein Lachen, ein wechselseitiges Schulterklopfen. Brakelmann und Adsche saßen etwas verwirrt dazwischen, während das Lachen der anderen immer herzlicher wurde.

«Urlaub!», rief Shorty aus.

«Die beiden!» Kuno war nicht minder erheitert.

«Hier haben wir ja zwei echte Experten», stimmte Dr. Schönbiehl ein und sorgte für frisch aufbrausende Heiterkeit, als er Brakelmann und Adsche zitierte: «So 'n Urlaub ist schon 'ne feine Sache.»

«Ihr müsst es ja wissen», fügte Shorty hinzu.

Brakelmann und Adsche fühlten sich ungerecht beurteilt. Es stimmte zwar: Kuno konnte auf seine langjährigen Busexpeditionen nach Bad Gandersheim zurückblicken, Peter war jeden Sommer mit dem Wohnwagen in Dänemark, und Shorty war, wie jeder wusste, überall auf der Welt gewesen.

«Ihr beide», resümierte Dr. Schönbiehl, strahlend vor Hohn, «ihr würdet nicht mal den Busbahnhof in Klingsiehl finden!»

«Ich war in Klingsiehl», widersprach Adsche energisch. «Sogar im Krankenhaus!»

«Da haben sie dich hingebracht», beschied Peter kühl. «Allein hättest du das nie gefunden.»

Nun hieß es: «Ihr Weltreisenden!» Und: «Die Globetrottel!»

Das Lachen der anderen begleitete Brakelmann und Adsche noch, als sie schon lange auf dem trockenen, karstigen Heimweg waren. Die Kränkung saß tief und hatte dunkle Phantasien geweckt. Im Urlaub, so ihre Überlegung, müsste man mindestens eine Woche lang woanders sein, und zwar an einem

Ort, an dem man niemanden kannte. Dort wäre alles anders als zu Hause, entweder noch schlimmer oder aber besser – was am schlimmsten war, denn irgendwann musste man ja wieder zurück. Und schließlich hätte man im Urlaub lauter fremde Leute um sich herum, die Sehnsucht nach all jenen weckten, mit denen man sich sonst in seinem Alltag herumplagte und von denen man nie geglaubt hätte, dass man sie je vermissen würde. Bis man eben im Urlaub ist. Und für all das müsste man eine Menge Geld ausgeben und anschließend noch begeistert sein.

Die beiden schluckten schwer, nachdem sie all ihre Kenntnisse und Gedanken zu diesem Thema hervorgebracht hatten, meinten abschließend aber tapfer, so schwierig könne das alles doch nicht sein.

Oder?

Brakelmann und Adsche waren zufrieden mit ihrem Leben. Warum sollten sie plötzlich woandershin und dort etwas anderes tun? Wenn sie wenigstens einmal in den vergangenen Jahrzehnten urlaubsreif gewesen wären, hätte das vielleicht geholfen. Aber sie hatten stets klug genug gelebt, um es nicht zum Äußersten kommen zu lassen.

Die Provence, Dänemark, Bad Gandersheim oder gar die ganze Welt waren für sie Orte der Verbannung. Berichte von Urlaubsbekanntschaften hatten ja stets Zustände von innerer Unruhe bei ihnen ausgelöst. Sie wollten auch nicht in Frankreich frittierte Kuheuter essen, in Dänemark alkoholfreien Kümmel trinken, im Kurpark von Bad Gandersheim alten Leuten bei Arbeiten mit der Stichsäge zuschauen oder in allen möglichen Gasthöfen der Welt Probleme wegen ihrer Deckel haben.

Dennoch: Die Kränkung brannte sehr in ihnen. Und deshalb wandte sich Brakelmann, als sie zurück auf seinem Hof waren und Adsche eifrig den Weizenschnaps aus dem Kühlschrank holte, seinem Materiallager in der Remise zu. Nach allerlei Gezerre und Fluchen hatte er endlich die alte blecherne Keksdose gefunden, die er sodann vor Adsche auf den Tisch der Bauernküche stellte, darauf standen bereits zwei Gläser, gefüllt mit Köm.

«Eine Woche ... Vollpengsion ... und Fluch ... Hamburch ... Palma ... Einfach anrufen und buchen», las Brakelmann aus einem der zerfledderten Reiseprospekte vor, die er aus der Keksdose herausgeholt hatte. Er blätterte weiter, warf das Heft Adsche hin, setzte sich und nahm das nächste zur Hand.

Adsche blickte bang auf. «In dir ist das wieder am Arbeiten, nä?»

«Adsche, jetzt müssen wir zusammenstehen wie ein Mann. Jetzt dürfen wir keine Schwäche zeigen. Jetzt müssen wir ganze Kerle sein.» Brakelmann sah seinen alten Freundfeind feierlich an. «Adsche! Wir machen Urlaub. Denen werden wir's zeigen!»

Sie hatten ihren besten Anzug angelegt. Mit hochgezogenen Schultern, die gleichermaßen Entschlossenheit und die Überheblichkeit der Abreisenden signalisieren sollten, schritten Brakelmann und Adsche mit ein paar abgewetzten Gepäckstücken am nächsten Morgen auf Dr. Schönbiehl und Kuno zu, die entspannt vor dem Dorfkrug saßen. Sie ließen sich Lütt un Lütt von Shorty servieren und blinzelten dabei in die Augustsonne. Dann aber machte sich ein Ausdruck der Verwunderung nach und nach auf ihren Gesichtern breit.

«Wir wollten mal tschüs sagen», meinte Brakelmann gänzlich unaufgeregt.

«Tschüs?», wiederholte Dr. Schönbiehl erstaunt.

«Ja, tschüs», meinte Adsche.

«Wir machen jetzt Urlaub», erläuterte Brakelmann immerhin.

Dr. Schönbiehl blickte kurz irritiert zu den anderen, bevor er fragte:

«Und ... wohin soll die Reise gehen?»

«Mallorca.» Brakelmann sagte das wie «Zahlen, bitte» oder «Nehmen Sie gefälligst die Hand von meinem Knie».

«So plötzlich?» Shorty war ebenfalls irritiert von dem Vorstoß der beiden Dorfdödel.

«Mal die Seele baumeln lassen ...» Brakelmann war zutiefst dankbar, dass der Urschlamm seines Unterbewusstseins ihm gerade rechtzeitig diese Formulierung aus Dr. Schönbiehls Urlaubsbericht zugespült hatte.

«Jetzt geht das mit'm Bus nach Klingsiehl und dann mit'm andern Bus nach Süderbrarup, und von da nach Kiel mit der Regionalbahn und dann nach Hamburch mit'm Zuch», leierte Adsche die Reiseroute runter.

«Und dann weiter mit'm Alsterdampfer», setzte Dr. Schönbiehl die Aufzählung mit scheinheiligem Lächeln fort.

Adsche aber blickte ihn gänzlich unbeeindruckt an. «Fluchzeuch.»

Damit war er jedoch nicht aus dem Schneider. Der Bürgermeister musterte ihn mit Vergnügen und fragte: «Nach ... äh ... Wie heißt das da noch mal auf Malta?»

Aber jetzt war Brakelmann zur Stelle und fing auch diese Konterattacke ab. «Mallorca», sagte er kühl. «Palma.»

«Eine Woche», ergänzte Adsche.

«Vollpengsion.» Brakelmann genoss den Anblick der offenbar fürs Erste geschlagenen Freunde und grinste. «Chic, nä?»

Dr. Schönbiehl blickte inzwischen doch etwas verunsichert zu Shorty. Derweil setzte Brakelmann nach und reichte Kuno einen Schlüssel mit den Worten: «Kannst du mal bei mir gucken, ob die Tiere sich gut amüsieren?»

Kuno nahm zögernd den Schlüssel entgegen, er war so konsterniert wie Dr. Schönbiehl und Shorty.

«Gleich kommt der Bus», erklärte Brakelmann weiter und gab damit seinem Reisegefährten das Stichwort, das Gepäck zu ergreifen und sich der Dorfstraße zuzuwenden, wo sich die Bushaltestelle befand. Sie waren einige Schritte gegangen, als der Bürgermeister und Kuno ihre Spontanlähmung überwanden und zu ihnen aufschlossen.

«Mallorca! Ihr zwei! Also, das ist wirklich eine Überraschung. Ich gebe es offen zu: Das hätte ich euch nicht zugetraut.» Dr. Schönbiehl zeigte sich leutselig. «Aber eine Woche ... Das muss man erst mal durchhalten.»

«Das schaffen wir schon.» Brakelmann schmeckte den süßen Saft der Euphorie bereits auf der Zungenspitze. Diese erste Runde hatten sie so gut wie gewonnen.

«Habt ihr auch was zu lesen mit?», fragte Kuno.

«Wie meinst du das?», fragte Adsche zurück, der eine Falle Schönbiehl'schen Ausmaßes vermutete.

«Ich nehm nach Bad Gandersheim immer 'n Sonderheft mit», fuhr Kuno jedoch ganz ernsthaft fort, zog sein «Killerkralle»-Heft aus der Gesäßtasche und reichte es Adsche. «Hier. Aber Wiedersehen macht Freude. Ich mein jetzt: das Heft.»

Sie hatten gerade die Busstation erreicht, als auch Shorty herbeigelaufen kam und dabei eine alte Polaroidkamera schwenkte.

«Die müsst ihr mitnehmen. Wir wollen doch Urlaubsfotos von Mallorca sehen!»

Brakelmann und Adsche wechselten einen kurzen Blick. Dann aber steckte Ersterer die Kamera ein und lächelte dünn.

«Habt ihr Medikamente eingepackt?», erkundigte sich Shorty. «Rachitis, Darmdurchbruch, Gürtelrose ... Normalerweise wirst du im Urlaub ja erst mal krank.»

«Ich hatte mal ’n Kieferbruch in Bad Gandersheim …», erinnerte sich Kuno.

«Ich rede von Krankheiten», fuhr ihn Shorty an.

«Da bin ich gegen ’ne Eisdiele gelaufen», vollendete Kuno seinen Gedankengang.

Shorty verdrehte die Augen.

«Ja, das bin ich!», rief Kuno aufgebracht und schubste Shorty, der natürlich zurückschubste, während Dr. Schönbiehl sich bemühte, das eigentliche Thema weiter voranzutreiben.

«Wie sieht es mit einer Reiseversicherung aus?», meinte er zu Brakelmann. «Wegen der möglichen Streitigkeiten mit dem Hotel. Da kann man Pech haben …»

«Habt ihr eigentlich Flugangst?», fragte nun Shorty, der wie der Bürgermeister keinen Moment glaubte, dass Brakelmann und Adsche sich tatsächlich zu einer Reise aufraffen würden, zumal kaum jemand so genau wie der Dorfkrug-Wirt von der angespannten finanziellen Lage der beiden wusste.

«Geht schon klar», antworteten die beiden Urlauber jedoch nur unisono.

Dr. Schönbiehl, Shorty und Kuno hatten alles in ihrer Macht Stehende getan, um die beiden Bauern aus der Reserve zu locken. Aber Brakelmann und Adsche wirkten nicht sonderlich beeindruckt. Das zwang Shorty zu einem letzten Versuch.

«Habt ihr an Köm gedacht? Das könnte nämlich schwierig werden. So einfach wie bei mir kommt ihr da nicht an Lütt un Lütt.»

«Ach, es geht zur Not auch mal ohne», meinte Brakelmann vage.

In diesem Augenblick stoppte der Bus vor ihnen. Brakelmann und Adsche stiegen mit ihrem Gepäck ein. Und wer genau auf die Zwischentöne achtete, konnte durchaus das sinnenfrohe Klirren gefüllter Alkoholflaschen vernehmen.

«Tschüs», sagte Adsche abschließend, wobei er sich umdrehte und darüber staunte, dass man dieses Wort benutzte, egal ob man sich für ein paar Stunden oder für Ewigkeiten voneinander trennte.

Dann wurde die Bustür geschlossen.

«Und schreibt mal 'ne Postkarte», forderte Shorty noch, aber da fuhr der Bus an und war bald aus ihrem Gesichtsfeld verschwunden.

Dr. Schönbiehl, Shorty und Kuno blieben etwas verblüfft zurück. Gleichermaßen fühlten sie sich von der Notwendigkeit bedroht, ein gewisses Umdenken einleiten zu müssen. Umso wichtiger war es, jetzt wieder zu alter Selbstgewissheit zurückzukehren. Und wohl deshalb rief der Bürgermeister munter aus: «In spätestens zwei Stunden muss die einer von uns in Klingsiehl abholen, weil sie sich am Busbahnhof verlaufen haben.»

Und so kehrten sie zu ihren alltäglichen Verrichtungen zurück, zurück an ihren Platz vor dem Dorfkrug und hinter den Tresen, zu ihren vertrauten Themen und gewohnten Genüssen. Nur still und heimlich wunderten sie sich noch ein wenig.

An einer Wegkreuzung, die Entfernungen von einem Kilometer nach Büttenwarder und sieben Kilometern nach Klingsiehl auswies, hielt unterdessen auf freier Strecke der Bus und öffnete seine Türen. Brakelmann und Adsche stiegen vorne aus und wuchteten das Gepäck auf den Grünstreifen neben der Fahrbahn. Danach wendete sich Brakelmann dem Busfahrer zu.

«Und, Egon», rief er, «denk dran: kein Wort!»

Aus dem Bus erklang Egons gleichmütiges «Ja, ja», dann schlossen sich die Türen, und der Bus setzte seine fahrplanmäßige Fahrt fort.

Mit ihrem schweren Gepäck betraten Brakelmann und Adsche einen Feldweg, bahnten sich einen Weg durch dichtes Gebüsch, durchquerten mühevoll ein Dickicht und stießen schließlich auf einen Trampelpfad, der sie durch ein Waldgebiet weit nördlich der Braamwiesen führte. Sie stöhnten und ächzten – Adsche, weil er die Hauptlast zu tragen hatte, Brakelmann, damit er das Stöhnen von Adsche nicht hörte. Nicht nur die beiden für längere Wandertouren nicht geschaffenen Landleute, auch die Materialien, aus denen das Gepäck bestand, ermüdeten. Langsam lösten sich unter dem Gewicht ihrer Ladung die Kofferschnallen aus ihren Arretierungen, und ausgerechnet auf dem härtesten aller Böden, die sie in den letzten zwanzig Minuten betreten hatten, sprang der Koffer auf, wobei allerlei Krams, aber auch Proviant und Kochwerkzeug krachend aufs Gestein fielen.

Adsche fluchte leise und bückte sich schnell, um vor allem die Bier- und Kömbuddeln zu sichern. Brakelmann hatte sich mit besorgter Miene umgewandt.

«Is was kaputt?»

«Nee.» Adsche sah zu, dass er die Getränke wieder im Koffer verstaute.

«Mann, das häddesd du doch mal 'n büschen besser einpacken können», regelte Brakelmann die Schuldfrage. «Mit dir zu verreisen, das hat wirklich überhaupt kein Niveau!»

Adsche drückte die Verschlüsse wieder zu und setzte, Brakelmann folgend, den Weg fort.

«Ist es noch weit?», rief Adsche seinem Freundfeind nach, während eine dünne Bierspur unbeachtet aus dem Getränkekoffer tropfte.

Doch Brakelmann ließ ihn darüber im Unklaren und schritt entschlossen voran. Adsche schleppte in einer Demut, die er nicht in Frage zu stellen wagte, sich und das Gepäck hinterdrein. So ging es weiter, bis sie schließlich eine Lichtung am Ufer der Dohle erreichten, die an dieser Stelle, auf etwa halber Strecke ihres Verlaufs von der Quelle südlich von Süderbrarup bis zur Mündung in die Boddenbeek nördlich von Klingsiehl, sich windet und staut und zu einem seeähnlichen Gewässer verbreitert. Brakelmann stellte sein Gepäck unweit des Ufers ab und blickte sich zufrieden um, geradewegs, als habe er diese Natur höchstpersönlich erschaffen.

«Was sagst du dazu? Besser kann das auf Mallorca auch nich sein!», rief er aus, und im nächsten Moment erläuterte er mehr beiläufig: «An dieser Stelle hab ich immer meine alten Badderien weggeschmissen. Deswegen kenn ich das Terräng.»

Adsche ließ den Koffer einfach los und die prallgefüllte Nylontasche von seinen Schultern sinken.

«Ja, gut», meinte er erschöpft.

«Mensch, ist das schön hier», tirilierte dagegen Brakelmann noch immer voller Urlaubseuphorie und wies mal hierhin, mal dorthin. «Da das Wasser! Und da die Landschaft! Wunderbar, mal so 'n Tapetenwechsel!»

Adsche blickte teilnahmslos in Richtung Wasser und Landschaft. «Ja, gut.» Er hatte nicht das Gefühl, etwas völlig Neues zu gegenwärtigen.

Brakelmann war aus der Stimmung gerissen. «Kannst du vielleicht auch mal was anderes sagen?»

«Was soll ich denn noch sagen?», fragte Adsche.

«Das ist so nervig, Adsche! Ich hab das Terräng ausgesucht für uns, hab das alles gemacht. Und du sachst immer nur: ‹Ja, gut›!»

«Ja, g…» Adsche verkniff sich den Rest.

«Hier ist doch alles schön! Hier können wir die Seele mal so richtich … rumschlabbern lassen.»

Die beiden sahen sich an. Mehr Erregung schien nicht aufkommen zu wollen. Also beschied Brakelmann in deutlich nüchternerem Ton seinem Urlaubsgefährten:

«Wir müssen das Zelt aufbauen.»

Adsche nickte. «Ja, gut.»

Unter derselben Sonne, die über der Dohleschleife stand, lag jetzt auch der Dorfkrug, knapp fünfundfünfzig Steinwürfe entfernt. Und Strahlen dieser selbigen Sonne brachen sich wiederum in der platten Frontscheibe des Peterwagens, der auf dem Vorplatz geparkt war.

Im kühlen Schankraum hatten sich Dr. Schönbiehl, Kuno und Peter vor Shorty versammelt. Ihre Mienen verrieten eine gewisse Verdutztheit.

«Bis Klingsiehl sind die ja wohl auf jeden Fall gekommen.» Peter fasste sämtliche Ergebnisse und Überlegungen der letzten drei Stunden zusammen.

«Aber ab dort verliert sich ihre Spur», konstatierte der Bürgermeister.

Shorty griff zum Telefon und rief das Allgemeine Krankenhaus in Klingsiehl an. Nach seinem letzten schlimmen Nasennebenwandverschluss kannte er die Nummer auswendig.

«Ich hab das ganze Terräng am Bahnhof in Süderbrarup abgesucht», berichtete Peter jetzt in feinstem Protokollton. «Aber leider Fehlanzeige, wie wir bei uns immer sagen.»

Shorty hatte mittlerweile am anderen Ende der Leitung einen Gesprächspartner erreicht und fragte: «Sind bei Ihnen heute vielleicht zwei Personen auf Station eingeliefert worden? Der eine heißt Brakelmann, Kurt – der andere: Adsche Tönnsen.»

«Und Klingsiehl, Busbahnhof?», hakte Dr. Schönbiehl parallel dazu bei Peter nach.

«Nix», antwortete der.

«Die waren unterwegs mit viel Gepäck», beschrieb Shorty nun die möglichen Notfallpatienten. «Tragen beide Hut und wirken so ein bisschen belämmert ...»

Kuno grinste. «'n bisschen ...»

Der Bürgermeister setzte weiter auf die polizeilichen Ermittlungen und fragte Peter: «Und hast du bei den Kollegen mal nachgefragt?»

«Ich hab doch Funk!»

«Sicher. Und? Hast du?»

Peter nickte.

«Und?» Dr. Schönbiehl war am Rande der Erschöpfung.

Peter schüttelte nur den Kopf. Der Bürgermeister beließ es dabei. Dieses Gespräch war ihm einfach zu eintönig.

Shorty verfolgte indessen im Krankenhaus Klingsiehl eine zweite Spur: «Oder hatten Sie heute vielleicht Tote, auf die die Beschreibung passt?»

Ein Gedanke, der Kuno sofort in tiefe Sorge versetzte. «Frag mal, ob sie mein Heft gefunden haben», rief er Shorty zu und wandte sich erläuternd an Dr. Schönbiehl und Peter: «Das war nämlich mein bestes Heft von ...» Und hier posierte er gefährlich. «Killerkralle!»

Der Bürgermeister wirkte leicht indigniert. «Ach, Kuno, bitte ...»

«Da wird nämlich Lucy entführt. Und zwar von Mega-Man.»

«Meinetwegen.» Peter stand auf und verabschiedete sich mit einem kurzen Wink. Es war an der Zeit, mit dem Dienstwagen in die Waschanlage zu fahren.

«Und Killerkralle», fuhr Kuno fort, ohne viel darauf zu geben, ob ihm gerade jemand zuhörte, «bombt sich durch die ganze Unterwelt! Bong-bong!»

Während er noch recht aufwendig diverse Detonationen, Stolleneinbrüche und Raketenabwehrfeuer intonierte, beendete Shorty das Gespräch mit seinem Informanten im fernen Klingsiehl und wandte sich mit einem bedauernden Kopfschütteln den anderen zu. Kuno hatte inzwischen das akustische Höllenmassaker beendet, ließ einen Moment Stille im Raum erblühen und schloss ergriffen: «Aber er findet sie nicht.»

Brakelmann und Adsche hatten derweil am Ufer der Dohle ihr Zelt aufgebaut und sich dabei geistig wie körperlich verausgabt. Während Adsche in dem unübersichtlichen Tuch herumgeirrt war, auf der Suche nach Zeltstangen, Öffnungen für Zeltstangen, Ösen für Zeltstangen, Ersatz für durchgebrochene Zeltstangen sowie nach einem Oben und Unten und dem Ausgang, hatte Brakelmann sich fast heiser gequatscht, solange hatte es gedauert, bis Adsche seine Anweisungen umgesetzt hatte. Als letzte Maßnahme warf er zwei zerschlissene Schlafsäcke in das Zelt, das daraufhin in sich zusammensank.

Adsche sah mürbe auf. Brakelmann ließ, davon ganz unbeeindruckt, seinen Blick urlaubsselig in die Ferne schweifen.

«Mensch, ist das herrlich», sinnierte er. «Jetzt kann man mal den ganzen Stress abschüddeln.» Dann trat er an den Bach, um die an einer langen Schnur befestigte Kömflasche aus der Kühlung zu holen.

Adsche stand etwas unbeholfen da.

«Was meinst du?», fragte er. «Wie lange machen wir jetzt schon Urlaub? So bummelich? Mehr als 'ne Stunde? Oder noch nich?»

«Adsche. Wir müssen das genießen», erwiderte Brakelmann munter und trat mit der wunderschönen Kömflasche zu den im Ufergras wartenden wunderschönen Kömgläsern. «Sonst halten wir den Urlaub nicht durch. Versuch das mal!»

Adsche nickte mit freudloser Miene. «Ja, gut.»

«Mensch, das nervt», fuhr Brakelmann auf. «Du hast das schon wieder gesacht.»

Adsche hatte jedoch nicht zugehört. Er hatte gerade etwas in der Böschung entdeckt, trat näher heran und zerrte es aus dem Wasser.

«Guck mal, was ich gefunden hab!», rief er nicht ohne Stolz und hielt eine feuchte Klappliege hoch, an der Ufergras hing und ein Eimer. «Hat hier einer weggeworfen! Die is noch gut!»

Tatsächlich war die Klappliege schnell auf- und auf Brakelmanns Körpermaße und bevorzugte Liegestuhlhaltung eingestellt. Und so lag der bald bräsig auf ihr, während Adsche danebenstand und sich wohl fragen mochte, was da jetzt eigentlich falsch gelaufen war. Er kam einfach nicht darauf. Immer wieder ließ er Brakelmann derlei durchgehen, verzieh ihm zu schnell, gab ihm nach.

Brakelmann philosophierte unterdessen kreuz und quer durch seine Urlaubstheorie. «Urlaub, weißt du, da hat man endlich mal Zeit, sich 'n büschen hängen zu lassen», erläuterte er.

«Ja, aber 'ne Stunde kann man wohl sagen, nä?», meinte Adsche.

«Was?»

«Urlaub. Bis jetzt. 'ne Stunde. Würdest du sagen, oder?»

«Geht das schon wieder los?» Brakelmann war kurz davor, sich in seinem Liegestuhl aufzubäumen. «Adsche, du musst abschalten. Lass die Seele baumeln. Mach uns mal was zu essen.»

Adsche dachte kurz an einen Zimmerspringbrunnen, dann schleppte er sich zwei Schritte zum Koffer, der offen in der gleißenden Sonne lag und ein recht unübersichtliches Sortiment verschiedener Artikel bereithielt, darunter auch einige Dosen Labskaus der Marke «Schwerer Seegang». Mit wachsender Unruhe suchte Adsche weiter, bis er feststellen musste: «Wir haben keinen Dosenöffner.»

Brakelmanns Fortschritte beim entspannenden Urlauben wurden einer ersten Belastungsprobe unterzogen. «Aber 'ne Menge Dosen», wetterte er. «Mensch, Adsche. Labskaus ‹Schwerer Seegang›. Lecker. Da hab ich mich den ganzen Tach drauf gefreut!»

Brakelmann nahm Adsche die Dose aus den Händen und begann sie unverzüglich mit einem stahlharten, kantigen Hering zu bearbeiten.

«Mann, Mann, Mann. Und wer sollte den Dosenöffner einpacken?»

«Du?»

«Nee, du.»

So ging es eine Weile hin und her, während Brakelmann eine Öffnung in die Dose trieb.

«Ich mach das Hotel klar», Brakelmann deutete wohlgefällig auf das Zelt, «und du das Restorang.»

Endlich hatte er das Blech durchstoßen. Sogleich quoll grau eine Art Cremewurst heraus. Das musste das Labskaus sein. Die Männer blickten recht trostlos, dann griff Brakelmann nach einem Glas mit sauren Gurken, fischte eine heraus und biss herzhaft hinein.

Adsche blickte ihn tranig an. «Kann ich auch eine?»

Brakelmann dachte an die Entbehrungen, die er auf sich nahm, weil er diesen Vollpfosten immer mit sich herumschleppte, und sagte: «Nee.»

Und während er nun mit dem Verzehr eines ganzen Glases saurer Gurken seine seit Tagen anhaltenden Probleme im Enddarm einer Erlösung näherbrachte, stand Adsche in der prallen Sonne und bedauerte zutiefst, dass er zwar die Zeit, wann immer er wollte, dehnen konnte, jedoch leider nicht straffen, ansonsten er längst wieder auf dem Heimweg und der Urlaub beendet gewesen wäre.

Und während all diese Dinge sich also überstürzten, saßen Dr. Schönbiehl und Kuno inzwischen recht nachdenklich gestimmt bei Shorty am Tresen.

«Wo sind sie? Wo sind sie?», rezitierte Kuno dramatisch aus seinem einige Steinwürfe entfernten Sonderheft. «Das fragt Killerkralle jeden, den er trifft. Manchmal auch mit Gewalt. Mega-Man und seine Lucy – er sucht die beiden überall ...»

Die Uhr tickte dreimal, bevor Dr. Schönbiehl matt erwiderte: «Ist diese Geschichte vielleicht mal irgendwann zu Ende?»

«Killerkralle hat schon die ganze Unterwelt weggebombt, da hat er plötzlich eine Idee.» Über den vernichtenden Blick seines Bürgermeisters setzte sich Kuno mit der Leichtigkeit des begeisterten Geschichtenerzählers hinweg und ergänzte: «Er fährt dahin, wo er Lucy zum letzten Mal gesehen hat – mit dem Turbo-Speedboot! In ihr Haus! Und da ist sie immer noch!»

Kuno sah beifallheischend in die Runde, und schon straffte sich Dr. Schönbiehl und wandte sich erleuchtet an Shorty:

«Jetzt hab ich's! Vielleicht sitzen die ja noch im Bus!»

«Ich ruf mal an», erwiderte Shorty, frisch belebt durch den Gedanken des Bürgermeisters. Er trat sogleich ans Telefon und wählte eine Nummer aus seinem Verzeichnis.

«Die wussten nicht, wo sie aussteigen sollen», überlegte der Bürgermeister laut weiter, «und sind einfach sitzen geblieben ...»

Shorty hatte inzwischen Kontakt zu dem gewünschten Gesprächspartner.

«Ja, Egon. Hier ist Shorty aus'm Dorfkrug. Sag mal, als du heute Feierabend hattest, haben da Brakelmann und Adsche noch in deinem Bus gesessen?»

Es knisterte nicht nur in den veralteten Telefonleitungen, die Büttenwarder nur sehr brüchig mit dem Rest der Welt verbanden, sondern auch in der Atmosphäre um den Tresen, bis Shortys Stimme wieder zu hören war, die «Ja ... Gut ... Danke» sagte.

Er legte auf und wandte sich mit einem Kopfschütteln den anderen zu. Fehlanzeige, wie Peter gesagt haben würde. Einen Moment lang herrschte Stille. Es war erschütternd, aber jetzt musste tatsächlich umgedacht werden. Und als Erster hatte der intellektuell wendige Dr. Schönbiehl dieses Manöver abgeschlossen. Ernst und feierlich musterte er die anderen, dann erst sagte er: «Wisst ihr, was ich jetzt allmählich wirklich glaube? Die beiden sind auf Mallorca.»

Brakelmann hielt auf der Liege am Ufer der Dohle weiter die Rückenlage. Aus dem Nachlass seiner Mutter stammte die großflächige und breitrandige Sonnenbrille, die ihm jetzt vor allem als Schutzschirm gegen Adsche diente. Der stand weiterhin wie ein Leuchtturm in der Landschaft und blickte sich unbehaglich um.

«Ist ganz schön sonnig hier», meinte er.

Brakelmann schwieg, entschlossen, sich nicht die zart aufkeimende Urlaubshochstimmung vermiesen zu lassen.

«Ich kann die Sonne nich so gut vertragen», gestand Adsche.

«Guck an ...»

«Und der Bach ... Hörst du das? Der rauscht so. Schschschschsch.»

Adsche kratzte sich im Gesicht. Brakelmann schwieg.

«Die ganze Zeit», fuhr Adsche etwas später fort. «Ich finde den zu laut ... den Bach ...»

«Hm», antwortete Brakelmann.

Adsche kratzte sich erneut im Gesicht und rechnete im Kopf.

«Eine Woche – das sind sieben Tage. Also, heute kann ich ja schon mal abziehen.»

«Adsche!», mahnte Brakelmann. Er hatte nicht gesehen, dass sein Freundfeind zu ihrem Gepäckhaufen getreten war, ein Sonnenschutzmittel herausgesucht hatte und es nun sehr nachdenklich betrachtete.

«Was die wohl alles in so 'ne Creme reintun, dass die so lange haltbar ist.»

«Du nervst», stöhnte Brakelmann.

«Hier steht das: ‹Haltbar bis Ende Juli 89›.» Adsche blickte auf. «Fast hundert Jahre! Stell dir mal vor, und das hat meine Mudder noch gekauft.»

Brakelmann spürte, dass er jetzt Grundsätzliches anmerken musste. «Mensch, Adsche», stieß er also geradezu hervor, «du musst den Kopf freikriegen. Urlaub! Da kann man endlich über was anderes nachdenken.»

Adsche cremte sich ein und guckte Brakelmann darüber ratlos an. Für einen Moment sah er einen weiteren Zimmerspringbrunnen.

«Versuch das doch mal», appellierte Brakelmann.

Bevor er das versuchte, wollte Adsche Gewissheit. «Machst du das denn?», fragte er deshalb nach. «Nachdenken?»

«Die ganze Zeit!»

«Und worüber?»

«Schönbiehl, Kuno, Shorty ...»

«Und was?», fragte Adsche vorsichtig. «Was denkst du da so zum Beispiel?»

«Wie froh ich bin, dass ich mir über die für 'ne Weile keine Gedanken machen muss.»

«Ja, das ist natürlich wirklich gut», meinte Adsche. «Was meinst du, was die wohl jetzt so treiben?»

Adsche hatte eine rege Phantasie, eine Phantasie, die Starres in Bewegung versetzte. Er konnte die Wolken am Himmel in Pinguine verwandeln, die Liebeslaute der Feldhasen ins Plattdeutsche übertragen, in einem Windhauch dem Duft seiner Mutter nachspüren. Aber was sich in diesem Moment im Dorfkrug abspielte, darauf wäre er niemals gekommen.

Es dämmerte bereits, und im Schankraum am Tresen saßen stumm und still Dr. Schönbiehl, Shorty und Kuno bei Lütt un Lütt zusammen. Sie alle hatten das befremdliche Gefühl, seit Stunden nichts mehr erlebt zu haben.

«Ich kann nicht sagen, dass ich die beiden vermisse ...», meinte Dr. Schönbiehl irgendwann.

«Is nur schade, dass sie nicht da sind», fuhr Kuno fort.

«Ja», meinte Shorty. «Das ... ja ...»

Und für einen Moment schwang Bedauern in ihren leisen Seufzern mit, ja, fast Reue, dass sie die beiden Bauern bis zum Äußersten gereizt und zum Urlaub provoziert hatten.

Am dunkel daliegenden Ufer der Dohle waren derweil Brakelmann und Adsche ins Zelt gekrochen, das sie am Ende doch noch hatten einigermaßen stabil aufbauen können, und waren in ihre Schlafsäcke geschlüpft. Die Jahrzehnte in der Landwirtschaft hatten eine sehr nutzbringende Unempfindlichkeit gegenüber säuerlichen Gerüchen gefördert. Die beiden Urlauber wühlten sich ein bisschen ein, spürten da und dort neben ihrem Nachtlager Bierbuddeln und Labskausdosen und sagten einander schließlich gute Nacht. Ein letzter Schwenk mit der Taschenlampe, und das Licht wurde gelöscht.

Und jetzt geschah fast alles gleichzeitig: Ein Grasfrosch verspeiste eine Fliege, ein Tagpfauenauge legte Eier auf einer Brennnessel ab, ein Igelweibchen warf sieben gesunde Jungen – und das Zelt sackte ein.

Das war dann aber auch alles, was in dieser Nacht im Umkreis von fünfundfünfzig Steinwürfen geschah.

Als Adsche am nächsten Morgen aus dem zusammengefallenen Zelt kroch, döste Brakelmann bereits in der Liege.

«Frühstück fertig?», fragte Adsche, als hätte er den vergangenen Tag, ach was – die vergangenen Jahre und Jahrzehnte mit Brakelmann nicht erlebt.

«Na ja …», erwiderte der Angesprochene und beobachtete, wie Adsche von einem Stoß mit sechs Steinen einen entfernte.

«Jeden Tach nehm ich einen weg», erläuterte er. «Noch fünf …» Adsche hatte die Dauer des Resturlaubs ermittelt und deutete, da Brakelmann offenbar kein Frühstück vorbereitet hatte, auf die Liege. «Da würde ich auch gerne mal drauf liegen. Ich hab Rückenschmerzen.»

«Adsche», begann Brakelmann, um dem Reisegefährten Einhalt zu gebieten. Doch der war wieder bei seinem Lieblingsthema.

«Schon wieder so sonnig …»

«Adsche», rief Brakelmann aus. «Du nervst!»

«Ja, und du auch», konterte Adsche. Jetzt war der Moment der rückhaltlosen Abrechnung da. «Du und deine Ideen! Du hast gesacht, wir sind beleidigt – aber deswegen muss man doch nich gleich Urlaub machen!»

«Du bist keine Kämpfernatur, Adsche», hielt Brakelmann dagegen. «Du bist zu weich!»

«Und du wirst jetzt zu persönlich», triumphierte Adsche. «Mir reicht's! Ich geh nach Hause!»

Adsche war nie verheiratet gewesen. Er wusste nicht, was Eskalation bedeutet.

Er war trotz seiner weit über fünfzig Lebensjahre geradezu jungfräulich in seiner Streitkultur. Er hatte das alles nur gesagt, um etwas zum Frühstück zu bekommen. Und Brakelmann, dem nach dem frühen Tod seines Vaters nur eine einzige tiefe Beziehungserfahrung zuteilgeworden war, erwiderte, wie seine «geliebte Muddi» es getan hätte: «Bidde. Dann gehen wir eben nach Hause.»

Und in diese ohnehin vollständig verfahrene Situation grätschte Adsche mit seiner abschließenden Stellungnahme, die da lautete: «Ja, gut.»

Die Urlaubsutensilien waren schnell zusammengepackt, das Zelt war ohnehin nahezu abgebaut. Und da der Bus von Klingsiehl nach Büttenwarder bereits weg war, gingen sie zu Fuß. Das war der Vorteil, wenn man den Urlaub in der Region verbrachte. Und so latschten die beiden bald darauf und gleichermaßen schweigsam mit ihrem Gepäck auf Brakelmanns Hof zu, gönnten sich dabei nur kurze Seitenblicke, die sie mit einem bitteren Lächeln garnierten. Freundschaft, das stand für sie beide in diesem Moment fest, war eine Ironie, eine Lüge, ein schleimhaltiger Trost in der gesellschaftlichen Einöde. Etwas in der Art dachten die beiden, als sie sich Brakelmanns Hof näherten.

Plötzlich hielten sie inne und sahen zum Gartengestühl, das vor dem Bauernhaus in der Sonne stand und wo bei schwungvoller Radiomusik Kuno am Campingtisch saß und Brakelmanns Bier trank. Gerade nahm er den Telefonhörer ab, wählte eine Nummer, knallte den Hörer auf die Tischkante und lehnte sich schließlich zurück, die Füße auf Brakelmanns Tisch.

«Der sollte doch nur nach den Viechern gucken und nich hier einziehen», sagte Brakelmann genervt.

In diesem Moment begann Kuno zu telefonieren.

«Hello!», rief er mit einem möglicherweise amerikanischen Akzent. «Hier ist Kuno … Yes … From Büttenwarder …

Wieso? Wie spät ist es denn jetzt bei euch in Messetjuchits? Messertschutschittsch?»

Brakelmann war nur wenige Schritte vom Ort des Geschehens entfernt und bereit, einzuschreiten. Aber nun war es Adsche, der ihn zurückhielt und, als Kuno beiläufig in ihre Richtung sah, Brakelmann rechtzeitig zur Seite und in Deckung zog. Von dort aus blickten die beiden noch einmal zu Kuno. Der ließ es sich geradezu kackendreist, wie Brakelmann fand, gut gehen.

«Der wird sich über uns kaputtlachen», meinte Adsche. «Und die andern auch.»

Beide dachten sie für einen Moment an eine Rückkehr in Schande, als gescheiterte Touristen. Und Brakelmann musste, was er sonst nicht gern tat, Adsche zustimmen. «Die werden sich ausschütten vor Lachen über uns.»

«Und dann haben sie recht gehabt mit allem, als sie uns beleidigt haben», fasste Adsche zusammen und fügte kurz danach hinzu: «Brakelmann.»

«Adsche», antwortete der und sah seinem alten Freundfeind fest in die Augen.

Adsche erwiderte diesen zutiefst männlichen Blick und sagte mit einer Entschlossenheit, die ihm selbst einen Schauder über den Rücken jagte: «Wir ziehen das durch.»

Und so kehrten sie um, nahmen den Weg zurück in der gleißenden Augustsonne, erreichten ihr Mallorca an der Dohle und bauten ihr Zelt mit inzwischen spürbar größerer Routine auf. Auch der Liegestuhl stand bald wieder bereit, und Adsche war kurz davor, sich in das weiche Tuch sinken zu lassen, als Brakelmann ihn zurückhielt.

«Wir müssen Fotos machen.»

«Von Mallorca?» Adsche schien nicht ganz überzeugt von dem Plan, den die beiden auf dem Weg zurück in den Urlaubsort gefasst hatten. «Und wenn die uns was fragen – über Mallorca?»

Brakelmann holte Muttis gelbstichigen, zerfledderten Reiseprospekt hervor.

«Ich hab ja den Katalog. Den hat meine Muddi immer so gern gelesen vorm Einschlafen. Da steht alles drin über Mallorca.»

Und so entwickelte sich neben der Urlaubsroutine, dem allmorgendlichen Abtragen eines Steins vom Resturlaubstagesteinhaufen, Adsches erfolglosem Bemühen um einen Platz im Liegestuhl, dem Klagen über die Sonne, den Bach, die Versorgungslage, neben all diesen rasch liebgewonnenen Ritualen also begannen die beiden Bauern an ihrer Urlaubslegende mit allen – zum Teil sogar technischen – Raffinessen zu arbeiten. Shortys Polaroidkamera wurde eingesetzt, um typische Mallorca-Aufnahmen zu schießen, die Adsche im Schwimmring zeigten oder am Ufer der Dohle mit der typischen Mallorca-Urlaubslektüre. Aus «Killerkralle» schöpfte Adsche auch erste Anregungen für epische Verstärkungen des bald abzuliefernden Urlaubsberichts. Und schließlich musste eine Urlaubskarte geschrieben werden.

Adsche sah fragend zu Brakelmann, der bereits eine Pappe mit einer Nagelschere zurechtschnitt. «Aber wir sind doch gar nich auf Mallorca», wandte er ein.

Brakelmann klebte die Pappe auf eine beschriebene Postkarte, sodass bis auf die Briefmarke alles verdeckt war.

«Nee. Aber mein Onkel Werner, der war mal auf Mallorca», entgegnete Brakelmann und zeigte Adsche die Karte, die auf der Vorderseite einen Eindruck von der Bebauung an der mallorquinischen Südküste Anfang der siebziger Jahre lieferte und die Brakelmann auf der Blanko-Rückseite rund um die ordnungsgemäß gestempelte Briefmarke mit Urlaubsgrüßen beschrieb. Und um ihren Coup zu vollenden, schlichen die beiden noch in derselben Nacht die fünfundfünfzig Steinwürfe weite Strecke zum Dorfkrug, vergewisserten sich, dass kein Licht mehr brannte und kein Mucks mehr zu hören war, und warfen dann mit gewieftem Grinsen ihre Urlaubskarte in den Briefkasten, der neben dem Eingang des Wirtshauses angebracht war.

Das letzte Puzzlesteinchen einer perfekten Legende war eingefügt. Und wenig später wurde zum letzten Mal das Taschenlampenlicht im Zeltlager an der Dohle gelöscht, ein letztes Mal sagte Brakelmann «Gute Nacht, Adsche» und Adsche «Gute Nacht, Brakelmann», und ein letztes Mal fiel das Zelt in sich zusammen. Brakelmann und Adsche lagen aber in ihren Schlafsäcken vor dem Zelt und gaben sich mit einem triumphierenden Lächeln das Daumen-hoch-Zeichen.

Am nächsten Morgen, nachdem der letzte Stein in die Dohle geworfen worden war, standen sie wieder mit ihrem Gepäck an der Wegkreuzung, die Entfernungen von einem Kilometer nach Büttenwarder und sieben Kilometern nach Klingsiehl auswies, und Brakelmann repetierte, während sie auf den Bus warteten, der sie heimwärts schaffen sollte, Daten und Fakten, die seinem Urlaubsbericht Glaubwürdigkeit schenken sollten.

«Hotel Magalluf, achthundert Betten, Zentralheizung, hundertfünfzig Meter zum Strand.» Er konnte nicht ahnen, dass die Angaben über das Hotel Magalluf lauteten: «Hundertfünfzig Betten, zentrale Lage, acht Kilometer zum Strand.»

«Das eine schwör ich dir: Urlaub mach ich nie wieder.» Adsches Bilanz war alles in allem vernichtend.

«Lass mich jetzt bloß nicht hängen», meinte Brakelmann. «Wenn du mich hängen lässt, gehen wir beide unter.» Er schenkte Adsche einen mahnenden Blick und winkte zur Straße, denn der Bus fuhr nun endlich heran.

Unter allerlei freudigem «Hallo!» und «Da sind sie ja wieder!» wurden die beiden Urlauber kurz darauf von der Dorfprominenz auf der Terrasse des Dorfkrugs willkommen geheißen.

«Wie war's?», fragte Shorty aufgeräumt.

Brakelmann und Adsche stellten ihre offenbar nicht mehr so schweren Koffer ab und setzten sich hinzu.

«Ja ... Ach ... War schön ... toll ... Schön toll», stolperte Brakelmann in seinen Urlaubsbericht, während Adsche das «Killerkralle»-Heft aus der Jackentasche zog und es Kuno rückerstattete.

«Wie war der Flug?», erkundigte sich Dr. Schönbiehl.

Adsche wagte nicht, sich allzu weit von der Wahrheit zu entfernen, und erwiderte: «Da, wo wir gesessen haben, haben wir praktisch gar nix mitgekriegt.»

«Braun seid ihr geworden!», hatte Shorty rasch beobachtet.

«Ja, mir war es schon manchmal 'n bisschen zu sonnig», erklärte Adsche absolut wahrheitsgemäß.

«Und erzählt mal! Wie war euer Hotel?» Shorty hakte bei Adsche nach.

«Die reinste Bruchbude.»

«So etwas hört man ja leider immer wieder», stimmte der Bürgermeister ein.

«Habt ihr auch Urlaubsfotos gemacht?» Shorty erhöhte den Druck.

«Ja. Hier.» Brakelmann holte aus seiner Jackentasche einige Polaroids. Sie zeigten den in der Liege schlafenden Brakelmann, ein gut geschenktes Glas Bier vor der Prospektansicht von Mallorca 1972, Adsche mit Schwimmring und vieles mehr von dem, was sich zwei aufrechte Landleute unter Mallorca vorstellen mochten und an der Dohle fotografieren konnten.

«Ja, ja», hieß es von Dr. Schönbiehl, von Shorty und von Kuno. «Na, das ist doch typisch Mallorca ... Sehr schön.»

Brakelmann und Adsche hatten für einen Moment das warme Gefühl, gemeinsam unschlagbar zu sein. Shorty reichte Brakelmann die Bilder mit einem unterdrückten Grinsen zurück.

«Was hat euch denn am besten gefallen? Deià? Valldemossa? Arta?», erkundigte sich der Bürgermeister und ließ damit erkennen, dass er gut vorbereitet in diese Prüfung gegangen war.

«Ach, ich fand das Hotel Los Lobos gut», antwortete Brakelmann im touristischen Konversationston. «Drei Sterne, Zentralheizung, Fernsehraum, Münzfernsprecher in der Halle ...»

«Ach ja», meinte Dr. Schönbiehl lapidar.

«Und das Hotel Magarita», setzte Brakelmann seinen Reisebericht fort. «Einfach und rustikal, gutes Preis-Leistungs-Verhältnis, deutschsprachiges Personal, wöchentliche Zimmerreinigung.»

«Aha.»

«Wir haben praktisch alles gesehen», meldete sich jetzt auch Adsche zu Wort.

«Und habt ihr was Aufregendes erlebt? So ein richtiges Urlaubserlebnis?», wollte Shorty wissen.

Brakelmann hatte keinen Text mehr und sah unsicher zu Adsche.

«Ja. Also, einmal zum Beispiel», sprang Adsche tatsächlich zu Brakelmanns Erleichterung ein, «war Brakelmann plötzlich weg. Ich hab ihn überall gesucht, und ...»

«Und?» Kuno ahnte, dass hier eine gute Geschichte wartete.

«... ich hab mit so einem Turbo-Speedboot die Küste abgesucht.» Adsche spürte die Blicke Brakelmanns nicht, die seinen Redefluss zum sofortigen Gefrieren bringen sollten. «Da hatte ich plötzlich 'ne Idee!»

«Du hast ihn einfach an der Stelle gesucht, wo du ihn zuletzt gesehen hast», vollendete Kuno die Ausführungen des Bauern. «Wie bei Killerkralle mit seiner Lucy.»

«Adsche», raunte Brakelmann jetzt seinem Reisegefährten zu. «Wir wollen jetzt mal lieber nach Hause ... Wäsche waschen ...»

Adsche verstummte und erhob sich gleichzeitig mit Brakelmann, um die Gepäckstücke wieder zur Hand zu nehmen.

«Ach, übrigens: Vielen Dank ...» Shorty zog die Urlaubskarte der beiden aus seiner Westentasche.

«Und dann noch mit einer Briefmarke von General Franco darauf», bemerkte Dr. Schönbiehl mit einem Funkeln in den Augen, das Brakelmann und Adsche aber nur für einen kurzen Moment verunsicherte.

«Ja», erwiderte Brakelmann schließlich trotzig. «Toll, nä?»

Und so latschten die beiden Heimgekehrten mit ihrem Reisegepäck davon und kurz darauf gut gelaunt den Feldweg entlang.

«Hast du gesehen, wie die geguckt haben?», sagte Brakelmann, ganz erfüllt von ihrem Triumph.

«Die haben gedacht, wir können das nich!» Adsche grinste. «Das hatte mal Nennwert, Brakelmann!»

«Ja», bestätigte Brakelmann und fügte nach einer kurzen Pause in deutlich nüchternerem Ton hinzu: «Das machen wir nie wieder.»

«Auf gar keinen Fall», stimmte Adsche sofort zu.

«Aber weißt du, worauf ich mich jetzt schon freu?», fuhr Brakelmann munter fort.

«Auf 'n schönen Köm», vermutete Adsche.

«Bei mir in der Küche.» Brakelmann malte die vor ihnen liegenden, greifbar nahen Genüsse aus. «Und da lassen wir die Seele baumeln.»

«Und zwar, dass es nur so kracht», schloss Adsche.

X
Brakelmanns Theorie

Eine kalte und trockene Winternacht kündigte sich an. Im Süden, weit über Süderbrarup hinaus, leuchteten drei Sterne besonders hell am Firmament. Sie gehörten zum Sternenbild des Orion, ebenso wie der leuchtende Gasnebel, in dem auch in dieser Nacht neue Sterne geboren wurden. Brakelmann hatte sich an den Urlaubserinnerungen, die ihn auf dem Heimweg begleitet hatten, nicht lange wärmen können. Die Gedanken an den möglichen finanziellen Durchbruch durch den von ihm organisierten Eintrittskartenverkauf für das Weihnachtstheater und zugleich die an das in Adsches hysterischer Schwangerschaft begründete mögliche Scheitern der ganzen Unternehmung, diese Gedanken hatten ihn irgendwann eingeholt. Den schrottreifen Kleinwagen des jungen Paares, der an diesem Abend an der Einmündung eines Feldwegs mit qualmender Kühlung abgestellt war, hatte er darüber gar nicht gesehen. So schnurstracks schritt er auf seinen Hof zu.

Vor dem Stall stand der Trecker mit Anhänger. Adsche hatte offenbar mit dem Verladen des Bühnenbilds noch nicht einmal begonnen. Brakelmann öffnete die Stalltür, die wie üblich aus den Angeln brach und von ihm erst wieder eingehängt werden musste, bevor er alles genau inspizieren konnte. Aus den Augenwinkeln sah er dabei aber schon das von Adsche sinnlos und kunstvoll drapierte Bühnenbild zum Krippenspiel, das in der Remise aufgebaut war. Umgeben von Strohballen, stand da eine Art Tipi. Rotes Tuch lag über einem spitz zulaufenden Dachlattengestell. Und die daran befestigten Sterne und Blüten aus Goldpapier signalisierten Weihnachten.

Brakelmann schritt energisch weiter, vorbei an seinen Hühnern und Ziegen, die hier ihren Unterschlupf gefunden hatten.

«Adsche! Adsche! Adsche-Maria Tönnsen!», rief er. Dann betrat er die Bauernstube, wo bei sehr weihnachtlicher Musik vom lahmen Plattenteller der noch immer sehr schwangere Adsche auf dem Sofa lagerte. Er trug ein Kopftuch und einen Rock über der Hose zu seinen Gummistiefeln. Das Kissen steckte unter seinem Hemd. Brakelmann geriet bei diesem Anblick um ein Haar außer sich.

«Ja, sach ma: Bist du schon völlich manoli? Wir warten auf dich, du Dödel!»

Adsche hielt sich das Kissen am Unterleib. «Ich hatte eben so 'n starkes Ziehen da unten ...»

«Das wird gleich noch schlimmer», prophezeite Brakelmann und trat bedrohlich auf Adsche zu. Der hob nur schwach abwehrend die Hand, brachte es aber immerhin fertig, zu sagen: «Und außerdem beantrage ich Kindergeld!»

Brakelmann hielt verblüfft inne. «Watt?»

«500 Euro.»

«Geld gibt's nich – is Weihnachten», erinnerte Brakelmann den Scheinschwangeren.

«Ich hab deine Kalkulationen gesehen ...» Adsche deutete auf die Papiere, die vor ihm auf dem Stubentisch lagen. «Frühbucherrabatt, Familiensparpaket, Heiligabendsuperplus.»

Brakelmann atmete tief. Sein Blutdruck dehnte die strapazierten Gefäße. Er wusste, es war vorbei. «Das hätte so ein schöner Weihnachtsabend werden können ... So wunderbar ...»

Die beiden konnten nicht sehen, dass das junge Paar, das im Dorfkrug logierte, sich mit letzten Kräften der Remise näherte. Die junge Frau stöhnte unter starken Schmerzen, versuchte sie zu veratmen, hielt inne, während aus dem Bauernhaus Brakelmanns und Adsches Stimmen drangen, die «Du hast alles versaut!» riefen. Oder: «Du! Du hast alles versaut!» Oder: «Nee, du! – Nee, du!»

Dorfpolizist Peter hatte den ganzen Nachmittag über den Streifenwagen «von innen gesaugt», wie er zu sagen pflegte. Nun klapperte er einige Stationen in seinem Revier ab, das tief verschneit dalag, um sich da und dort ein paar mit Bargeld wattierte Briefumschläge bescheren zu lassen. Als er am Dorfkrug vorbeifuhr, fiel ihm zunächst der gähnend leere Vorplatz auf, dann die drei Heiligen Könige, die recht bedeppert vor dem Schuppen standen. Also stoppte er und stieg aus.

«Na, sucht ihr das Publikum?»

«Es ist kein Mensch gekommen», rief Kuno, alias Melchior, alias Killerkralle aus.

«Verstehst du das?», fragte König Balthasar, alias Dr. Schönbiehl.

«Klar», erwiderte Peter, der stets über gute Informationen verfügte, aber eigentlich nie etwas damit anzufangen wusste. «Wisst ihr denn nicht, was Brakelmann für Preise verlangt hat?»

Shorty erinnerte sich wie seine Königskollegen an die Absprache: «Zwei Euro für Erwachsene, Kinder die Hälfte.»

«Aber nicht, wenn man die Karten bei Brakelmann kaufen wollte», beschied Peter. «Der hat da einiges draufgeschlagen. Frohes Fest noch!»

Und damit setzte der Streifenwagen seine Fahrt fort.

Dr. Schönbiehl, Kuno und Shorty wechselten erboste Blicke.

«Los», meinte der Bürgermeister dann. «Jetzt kaufen wir uns die beiden ...»

«Ich bin dabei», erklärte Shorty entschlossen.

«Blutrache!» Kuno grinste und demonstrierte eine lockere

Folge von Karateschlägen. Des Bürgermeisters Dienstwagen schien nur auf sie zu warten.

In der Bauernstube lief weiterhin besinnliche Weihnachtsmusik. Brakelmann und Adsche standen sich gegenüber wie zwei Gladiatoren im Ganzkörpergips.

«Du Torfkopp! Du Wurst! Du Treckerquetsche!», brüllte Brakelmann.

«Du hast uns alle betrogen, Brakelmann!», brüllte Adsche zurück. «Du und dein Nennwert!»

Und sie packten einander beim Kragen, starrten sich wutschäumend an, bereit, es jetzt zum Äußersten, zur nackten Gewalt kommen zu lassen.

Ihr ganzes Leben hatten sie in demselben gemütlichen Desaster verbracht. Sie hatten beide das Drängen gespürt, darüber hinauszuwachsen, und sich doch zusammen darin eingerichtet. Die unzähligen Märsche zum Dorfkrug, das hundertfache Einanderzuprosten in Brakelmanns Bauernküche, die feurigen Momente, in denen neue Geschäftsideen sich Bahn brachen, die gelassene Routine, mit der ihr Scheitern zur Kenntnis genommen wurde, das alles zog in diesem Moment an ihnen vorbei, ebenso wie die Streitereien, das Gemaule, Gezerre, Gezanke, Gequake. Und zugleich dachte Adsche inmitten dieses Tumults für einen Moment an die seltsame Rührung, die ihn befallen hatte, als er Brakelmann in seinem Wintermantel am Küchentisch beim Verfassen seines Theaterstücks sah. Brakelmann hingegen erinnerte sich an die tiefe Verbundenheit, die er gespürt hatte, als Adsche schließlich auch nicht wollte, dass Frau Meier auf dem Schlachthof endete, obwohl das blöde Pferd nicht einmal schwanger geworden war! Das alles waren verwirrende Gefühle gewesen, über die beide schnell hinweggegangen waren.

Aber warum eigentlich bewirtete er, Brakelmann, seit Ewigkeiten Adsche mit Bier und Köm, ohne dass er je auf die Idee gekommen wäre, sich das von ihm vergüten zu lassen? Warum wurde im Gegenzug Adsche stets weich, wann immer Gelegenheit war, die Kräfteverhältnisse zwischen ihm und Brakelmann neu zu bestimmen? Wie oft hatte er Brakelmann an den Rand der endgültigen Niederlage getrieben und ihm dann doch nicht den letzten Stoß versetzt? Was nur hatte ihn jedes Mal daran gehindert?

Die Fragen zogen deutlich schneller vorbei, als die beiden ihrer hätten habhaft werden können. Und dennoch waren sie vielleicht der Grund, dass die zu jeder Gewalttat bereiten Landleute plötzlich in ihren martialischen Drohgebärden innehielten. Vielleicht aber lag es auch daran, dass Geräusche zu ihnen gedrungen waren, die sie so nie zuvor vernommen hatten. Leise Schreie, lautes Stöhnen. Sie verschoben beide die Regelung ihrer Meinungsverschiedenheiten auf einen unbestimmten und sicher nicht sehr fernen Zeitpunkt in der Zukunft. Jetzt mussten sie als Notgemeinschaft agieren. Wieder einmal …

Sie traten aus der Bauernküche in die Remise. Brakelmann schnappte sich eine Mistgabel zur Bewaffnung, Adsche wappnete sich für das, was auch immer da kommen mochte, mit einem Knüppel, den er im Vorübergehen angelehnt an die Stallwand fand, und so schlichen sie weiter. Auf einmal ertönte zu ihrem Erstaunen ein Babyschrei. Die beiden blieben stehen, blickten sich verblüfft an, gingen noch ein paar Schritte, bis sie die Krippendekoration umrundet hatten. Da entdeckten sie das junge Paar in dem Weihnachts-Tipi. Sie wirkten beide erschöpft und schweißnass, aber zugleich überglücklich, denn sie hielten, umgeben von Ziegen und Hühnern, ein Neugeborenes in den Armen.

«Mein Gott ... was ...», stammelte Brakelmann.

«Es passierte plötzlich alles ganz schnell», erklärte der junge Mann. «Die Wehen – und dann hatten wir 'ne Panne irgendwo. Und dann sind wir herumgeirrt und haben diesen Stall hier gefunden.»

Die frischgebackenen Eltern hatten vor lauter Glück nicht bemerkt, dass ihr Kind nackt zur Welt gekommen war. Also legten Brakelmann und Adsche ihre Bühnengarderobe ab, um das Kind darin warm zu halten. Adsche nahm etwas verschämt das Kissen aus seinem Hemd und gab es der jungen Frau, die sich gern darauf legte.

«Können wir hier ein bisschen bleiben? Nur diese Nacht?», fragte der junge Mann matt.

«Ihr könnt alles haben, was ihr wollt», entgegnete Brakelmann und sah zu der Mutter und ihrem Kind. «Mensch, ist das schön. Ich werd verrückt ... in meinem Stall!»

Adsche nickte einverständig, da fiel hinter ihnen die Remisentür krachend aus den Angeln. Das junge Paar blickte recht verwirrt auf, als es sah, wer da plötzlich vor ihnen stand: die Heiligen Drei Könige.

Auch Dr. Schönbiehl, Shorty und Kuno erstarrten und musterten in ihren Kostümen die Szene, ungläubig zunächst, dann aber lächelten sie, vergaßen ganz den Anlass ihres Besuchs und entspannten sich.

Brakelmann legte den Zeigefinger auf die Lippen: «Sagt nix, Leute ... Sagt nix ... Jetzt ist Weihnachten. Merkt ihr das?»

Stunden später waren die Drei Heiligen Könige in ihr privates Morgenland zurückgefahren, hatte sich die junge Familie schlafen gelegt, und Brakelmann und Adsche saßen recht einträchtig auf dem Rand eines Futtertrogs, tranken Bier und guckten in den Sternenhimmel. Die Kälte spürten sie nicht. Zu tief glühten die Ereignisse der letzten Stunden noch in ihnen nach.

«Weißt du, Brakelmann», begann Adsche nach einer Weile. «Gibt so Momente, da weiß man plötzlich, warum das so schön ist, dass man als Mensch zur Welt gekommen is ...»

Brakelmann lächelte leise. «Das hat was mit der Liebe zu tun, Adsche.»

Das Wort erschreckte Adsche fast, es stand in der Atmosphäre wie ein Raumschiff.

«Man merkt das nicht immer», fuhr Brakelmann in einem merkwürdig ruhigen Ton fort. «Aber die Liebe ist immer da.»

Adsche überlegte. Für einen Moment hoffte er, dass sich das Bild eines Zimmerspringbrunnens einstellen und ihn für den Rest der Nacht beschäftigen würde. Dann aber richtete er doch die Frage an seinen alten Freundfeind, die Brakelmanns Theorie in ihm aufgerührt hatte. «Auch zwischen uns?»

Brakelmann blickte zum Himmel hinauf. «Hm.»

«Nu hör aber auf», meinte Adsche etwas verstört. «Du und ich?»

«Ja.»

Brakelmann hatte das ganz einfach und ruhig gesagt.

«Ich weiß nich ...» Adsche wagte noch ein letztes Ausweichmanöver.

«Man merkt das nich immer», erklärte Brakelmann.

Dieses «nicht immer» hatte für Adsche etwas Versöhnliches. Also erwiderte er:

«Na, Gott sei Dank. Da bin ich direkt 'n büschen erleichtert, Brakelmann.»

Und so tranken die beiden weiter. Und über ihnen, am sternenfunkelnden Firmament, löste sich eine Sternschnuppe und beschrieb einen kraftvoll strahlenden Bogen quer über das Himmelszelt.

AUSGELESEN? KIECK MAL!
Neues aus Büttenwarder
auf DVD
Peter Heinrich Brix
Jan Fedder
7
Neues aus Büttenwarder
Folge 40 bis 47
Allns ook op Platt!
FSK ab 6 freigegeben
ARD VIDEO
AB 07.12.2012
Jetzt überall im Handel oder unter www.ardvideo.de
Studio Hamburg enterprises

MIX
Papier aus verantwortungsvollen Quellen
FSC® C014496

Das für dieses Buch verwendete Papier ist FSC®-zertifiziert.